Gestão de pessoas: ferramentas estratégicas de competitividade

COLEÇÃO GESTÃO EMPRESARIAL

Gestão de pessoas: ferramentas estratégicas de competitividade

Adriano Stadler
Cláudia Patrícia Garcia Pampolini

EDITORA
intersaberes

Rua Clara Vendramin, 58 . Mossunguê
CEP 81200-170 . Curitiba . PR . Brasil
Fone: (41) 2106-4170
www.intersaberes.com
editora@editoraintersaberes.com.br

Conselho editorial
Dr. Ivo José Both (presidente)
Dr.ª Elena Godoy
Dr. Nelson Luís Dias
Dr. Neri dos Santos
Dr. Ulf Gregor Baranow

Editor-chefe
Lindsay Azambuja

Editor-assistente
Ariadne Nunes Wenger

Capa
Sílvio Gabriel Spannenberg

Projeto gráfico
Roberto Querido

1ª edição, 2014.

Foi feito o depósito legal.

Informamos que é de inteira responsabilidade dos autores a emissão de conceitos.

Nenhuma parte desta publicação poderá ser reproduzida por qualquer meio ou forma sem a prévia autorização da Editora InterSaberes.

A violação dos direitos autorais é crime estabelecido na Lei n. 9.610/1998 e punido pelo art. 184 do Código Penal.

Dados Internacionais de Catalogação na Publicação (CIP)

(Câmara Brasileira do Livro, SP, Brasil)

Stadler, Adriano
   Gestão de pessoas: ferramentas estratégicas de competitividade/Adriano Stadler, Cláudia Patrícia Garcia Pampolini.– Curitiba: InterSaberes, 2014. (Coleção Gestão Empresarial; v. 8).

   Bibliografia
   ISBN 978-85-443-0058-9

   1. Administração de pessoal I. Pampolini, Cláudia Patrícia Garcia. II. Título. III. Série.

14-09198   CDD-658.3

Índices para catálogo sistemático:
1. Marketing: Administração financeira 658.3

Sumário

- Apresentação, 7
- Como aproveitar ao máximo este livro, 9

Primeira parte – Processos de gestão de pessoas, 11

- Sobre o autor, 12
- Introdução da primeira parte, 13

1. Gestão de pessoas (GP): a emergência do tema no contexto organizacional, 14
2. Os processos e as políticas de gestão de pessoas (GP) e seus subsistemas, 25
3. Gerenciamento de remuneração e recompensas, 31
4. Planejando o desenvolvimento de pessoas e organizações, 44
5. A cultura e o clima organizacionais na obtenção de resultados, 56
6. A obtenção de vantagem competitiva por meio de pessoas, 68

- Síntese, 83
- Referências, 85

Segunda parte – Ferramentas estratégicas, 89

- Sobre a autora, 90
- Introdução da segunda parte, 91

1. Inovação e criatividade em gestão de pessoas (GP), 92
2. Gestão por competências e talentos, 108
3. Gestão do conhecimento (GC) e inteligência competitiva (IC), 120

4. Liderança estratégica e formação de equipes de alta *performance*, 133
5. Conflitos: conceitos e fatores desencadeantes, 146
6. Ferramentas estratégicas: endomarketing, comunicação interna e *Balanced Scorecard* (BSC), 159
   - Síntese, 177
   - Referências, 179

■ Considerações finais, 185

Apresentação

O gerenciamento eficaz de organizações requer profissionais conscientes de que gerir uma empresa é uma tarefa complexa, que exige de seus gestores amplos conhecimentos, habilidades e atitudes, a fim de criar um cenário positivo para as empresas e seus colaboradores.

Nesse sentido, o gerenciamento de pessoas demanda habilidades técnicas, gerenciais e interpessoais. As habilidades **técnicas** referem-se ao cotidiano do trabalho em si, bem como às atividades operacionais e corriqueiras; as **gerenciais** estão relacionadas à forma como o gestor toma decisões, como usa a autoridade e às suas responsabilidades; já as **interpessoais** são o principal diferencial dos profissionais, visto que elas podem ser utilizadas de maneira estratégica.

Gerenciar pessoas é uma tarefa difícil, pois, para isso, é preciso suplantar particularidades que podem desmotivar a equipe e transformá-las em estímulos para que seja possível atuar em harmonia, em busca da tão desejada eficácia.

Os gestores empresariais administram pessoas o tempo todo – seja uma equipe em uma microempresa, seja um seleto grupo de diretores e colaboradores em uma multinacional ou em qualquer outro tipo de empreendimento no âmbito público ou privado. O grande desafio deles é **motivar e incentivar** a equipe e **conciliar** objetivos conflitantes, a fim de que o próprio modelo de gestão de pessoas (GP) seja um fator decisivo para que cada colaborador decida permanecer na empresa.

Portanto, gerir pessoas significa **captar, ambientar, desenvolver, monitorar e manter colaboradores dentro da organização**, além de oferecer condições para que o elemento humano possa adquirir conhecimentos, aprimorar suas habilidades e, dessa forma, aliar seus objetivos pessoais aos organizacionais, trazendo benefícios para ambos.

A GP é uma área multidisciplinar que envolve conceitos de administração, psicologia, sociologia, antropologia, pedagogia, estatística, direito e contabilidade. Para cada situação, ferramentas diversas precisam ser utilizadas, já que o gerenciamento de pessoas abrange questões objetivas e subjetivas, que exigem o domínio e a aplicação de vários conceitos para a solução dos problemas empresariais. Nesta obra, veremos como tornar isso possível por meio da utilização de ferramentas estratégicas.

Na primeira parte do livro, apresentaremos os processos de gerenciamento de pessoas e sua relevância para a *performance* organizacional, enquanto na segunda parte traremos ferramentas contemporâneas que podem ser usadas por gestores de pessoas para obter maior comprometimento e produtividade, a fim de alcançar os objetivos principais da organização.

Desejamos a você uma ótima leitura!

Como aproveitar ao máximo este livro

Este livro traz alguns recursos que visam enriquecer o seu aprendizado, facilitar a compreensão dos conteúdos e tornar a leitura mais dinâmica. São ferramentas projetadas de acordo com a natureza dos temas que vamos examinar. Veja a seguir como esses recursos se encontram distribuídos no decorrer desta obra.

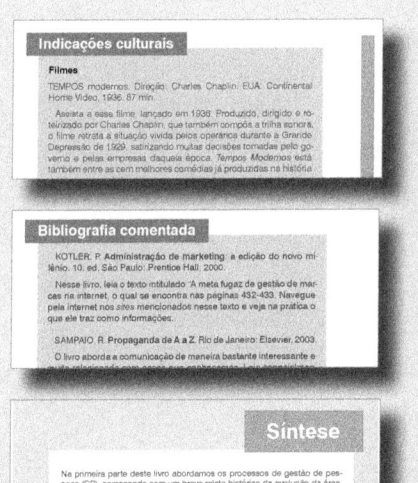

Ao final dos capítulos, os autores oferecem algumas indicações de livros, filmes ou *sites* que podem ajudá-lo a refletir sobre os conteúdos estudados e permitir o aprofundamento em seu processo de aprendizagem.

Nesta seção, você encontra comentários acerca de algumas obras de referência para o estudo dos temas examinados.

Você dispõe, ao final de cada parte, de uma síntese que traz os principais conceitos abordados.

Primeira parte

Processos de gestão de pessoas

Adriano Stadler

Sobre o autor

Adriano Stadler
É bacharel em Administração de Empresas (2000), pós-graduado em Turismo (2002), MBA em Marketing e Negócios (2005), Educação a Distância (2008) e Formação de Docentes e Orientadores Acadêmicos em EaD (2012), mestre em Administração (2007) e doutorando em Administração e Turismo pela Universidade do Vale do Itajaí (Univali). Trabalhou no setor de serviços, turismo e hotelaria e educação. É autor de diversos livros na área de administração e também organizador das obras da Coleção Gestão Empresarial da Editora InterSaberes. Atualmente, é docente do Instituto Federal do Paraná (IFPR), onde também é coordenador da pós-graduação em Gestão Pública (EaD).

Introdução da primeira parte

Ler sobre gestão de pessoas (GP) é, antes de tudo, fazer uma viagem a todas as formas de relacionamentos pessoais e profissionais que vivenciamos em nosso cotidiano. A todo momento estamos gerenciando: nossa carreira, nossa família ou nosso grupo de trabalho, bem como outros grupos aos quais pertencemos.

Nossos relacionamentos familiares, por exemplo, demandam não só compatibilizar interesses conflitantes e tomar decisões que afetam significativamente a vida de quem está próximo de nós como também planejar, organizar, conduzir e orientar pessoas unidas por fortes laços afetivos. Nas empresas, a lógica é a mesma, contudo, além da relação de hierarquia e poder que nos envolve, há um contrato de trabalho que rege direitos e deveres em função de resultados esperados, medidos por indicadores de produtividade.

Em ambas as situações, é necessário gerenciar as pessoas, de modo que a produtividade (no caso das empresas) ou os resultados alcançados (nas relações familiares ou em outras situações) constituam o somatório dos esforços do grupo, sendo percebidos de maneira sistêmica e holística e regidos pelas habilidades do gestor, tomador de decisões ou administrador – qualquer que seja o título de quem está à frente da equipe.

Com base nessas ideias, na primeira parte do livro apresentaremos uma visão histórica da GP, tratando dos principais teóricos e das primeiras concepções que fundamentaram as ferramentas modernas e as técnicas de gerenciamento de pessoas.

Veremos também os principais subsistemas de GP, que envolvem o ciclo de relacionamento entre as empresas e as pessoas – recrutamento, seleção, treinamento, desenvolvimento, remuneração, qualidade de vida e motivação – como fator estratégico de comprometimento com os objetivos organizacionais.

Convidamos você, leitor, a embarcar nessa viagem rumo à compreensão das formas mais eficazes de gerenciar pessoas, com base em ferramentas que permitem alcançar a tão almejada competitividade empresarial.

1

Gestão de pessoas (GP): a emergência do tema no contexto organizacional

O contexto empresarial impõe aos seus gestores o conhecimento de uma complexa gama de assuntos relevantes, com foco na gestão de pessoas (GP), pois os indivíduos são os recursos que perpassam todas as etapas de quaisquer processos. Sendo assim, a GP é um tema de suma importância nos ambientes social e econômico em que vivemos. Por isso, sugerimos que, após compreender os temas deste capítulo, você busque adaptá-los ao seu cotidiano pessoal e profissional.

1.1

Conceito de gestão de pessoas (GP)

No meio organizacional, é comum nos depararmos com o termo *gestão de pessoas*. No entanto, esse conceito é comumente confundido com o de *departamento de pessoal* – o qual está contido dentro da administração de recursos humanos (ARH) –, que, a partir da década de 1990, passou a ser chamado de *gestão de pessoas* ou *gestão de talentos*. Por ser considerada uma área que traz vantagens competitivas às organizações – visto que as tecnologias, os produtos e os serviços podem ser facilmente copiados e até superados –, os recursos humanos são considerados diferenciais em uma empresa, uma vez que constituem **vantagem competitiva** ante a concorrência.

A GP se fundamenta, em geral, nas seguintes ferramentas: produção de folhas de pagamento, verificação de cartões de ponto e cálculo de férias, 13º salário e pacotes de benefícios. Além disso, trata de planos de cargos e salários, remuneração estratégica, treinamento e desenvolvimento, pesquisa, auditoria e desligamento de funcionários. Outras funções, como programas de higiene e segurança do trabalho, saúde ocupacional e avaliação de desempenho, também podem fazer parte do cotidiano da área.

A GP ultrapassa o conceito de *administração de recursos humanos* – visto que este geralmente é percebido apenas como recrutamento, seleção, remuneração e treinamento – pois seu verdadeiro significado compreende todas as funções ligadas às pessoas dentro do ambiente organizacional, de modo que sua atuação esteja alinhada às estratégias globais da empresa, ou seja, deve ser pensada de forma sistêmica.

O objetivo da GP dentro de uma organização – seja ela de qualquer natureza –, é fornecer subsídios para intermediar as relações de trabalho, pois é um órgão fundamental para aliar os objetivos pessoais (autorrealização, *status* e reconhecimento) aos objetivos organizacionais, que podem ser: sustentabilidade econômica, conquista de posições de destaque na comunidade e no mercado, retorno aos acionistas, competição justa com a concorrência ou o correto atendimento aos anseios dos *stakeholders*[1].

O Departamento de Pessoal, a ARH e a gestão de talentos são partes de um todo maior, que é a GP. Com o entendimento da complexidade dessa atividade – sempre com uma visão uma sistêmica, estratégica e integradora, capaz de gerar crescimento individual e coletivo –, podemos utilizá-la como ferramenta estratégica de competitividade.

---

1   Os *stakeholders* são atores sociais que têm interesse nas operações de uma organização, também conhecidos como *partes interessadas*.

1.2

A trajetória da gestão de pessoas (GP) e a nova ambiência competitiva

A ARH, atual GP, surgiu da necessidade de crescimento e desenvolvimento das indústrias a partir da Revolução Industrial (1776). Porém, foi estabelecida propriamente ao longo do século XX, quando as teorias da administração, iniciadas por Frederick Taylor (teoria científica) e Henri Fayol (teoria clássica), começaram a ter aplicabilidade nas indústrias. Nessa época, os experimentos de Taylor e Fayol começaram a gerar resultados concretos e positivos sobre o papel desenvolvido pelas pessoas nas organizações.

A complexidade do trabalho e a especialização das funções também foram fatores que contribuíram para o surgimento da GP – anteriormente denominada *relações industriais*, ou ainda *administração de pessoal*, e, por fim, *ARH, GP, gestão de talentos* e *gestão de gente*.

À medida que as organizações cresceram e o mercado evoluiu, surgiram novas tecnologias e tendências, de forma que o conceito de GP também precisou ser ampliado. A função de intermediar conflitos cedeu lugar ao conceito de *desenvolvimento de pessoas e organizações* com vistas a alcançar um aumento de *performance*. Sob a nova perspectiva humanística, o elemento humano não é mais considerado apenas um recurso produtivo, mas um parceiro da organização – o que acarreta o surgimento dos conceitos de *trabalho em equipe, grupos de alta performance* e tantos outros, conforme veremos mais adiante.

O século XX provocou transformações drásticas nas relações humanas, percebidas nos diversos segmentos da sociedade. Observe no Quadro 1.1 um resumo histórico dessas transformações sob a perspectiva da sociedade, pela maneira como as organizações competem, mediante a percepção e a perspectiva do **cliente** e também pela forma como os **colaboradores** vivenciaram as mudanças.

Quadro 1.1 – As eras e as mudanças no trabalho

Era	Características
Industrial – século XX	O trabalho artesanal foi substituído pelo trabalho industrial, o que provocou diversas mudanças sociais sem precedentes. A fragmentação do trabalho e os critérios de eficiência e produtividade pela otimização dos recursos viraram objetos de estudo. Surgiu a convicção do *one best way*. O homem deixou de obedecer ao tempo da natureza e passou a entender o tempo das máquinas em pleno vapor; robotizou-se, fazendo parte de uma grande engrenagem.
Pós-Industrial – metade do século XX	Nesse período, o trabalho em larga escala foi acrescido pela prestação de serviços, que superou o trabalho industrial. Os recursos intangíveis (conhecimento, criatividade, informações) passaram a ser valorizados, em detrimento dos tangíveis (matéria-prima, meio de produção etc.), elevando a condição do trabalhador: a partir desse momento ele passou a ser reconhecido como um ser social, capaz de trabalhar em grupo. Os novos métodos de produção, os modernos arranjos sociais e a segmentação provocaram a busca por qualidade, inovação e redução de custos. A força motriz passou a ser o investimento em tecnologia, para haver maior flexibilidade e eficácia, substituindo a inflexibilidade da era anterior. Nas décadas de 1960 e 1970, surgiram as teorias de planejamento estratégico, na tentativa (por parte das empresas) de controlar as incertezas do ambiente, utilizando a razão e a prospecção.
Informacional ou do Conhecimento – A partir dos anos 1980 até o presente	Castells[2] fez uma análise criteriosa sobre a era anterior, concluindo que as drásticas transformações da economia e da sociedade, nas décadas de 1980 e 1990, contribuíram para o surgimento da era informacional. Segundo ele, essa era foi chamada de *informacional* porque, sob novas condições históricas, a produtividade aumentou e a concorrência passou a ocorrer em uma rede global de inter-relações. A partir desse momento, o capital pôde ser gerenciado 24 horas por dia. Os recursos humanos tornaram-se globais; novos mercados de trabalho foram criados; o processo produtivo passou a incorporar elementos produzidos em todo o planeta por diferentes empresas e pessoas; integraram-se os processos produtivos; alianças estratégicas tornaram-se essenciais; e as vantagens competitivas são alcançadas somente quando as empresas conseguem conectar-se a essa teia, a fim de participar da geometria de produção e distribuição flexíveis. O gerenciamento da informação tornou-se, então, decisivo para os processos de trabalho, pois possibilitou inovação, *feedbacks* constantes, correção de erros, ajustes rápidos e integração organizacional. Além disso, o trabalho humano passou a necessitar de respostas rápidas e eficazes, em correspondência a esse ambiente dinâmico, complexo e instável. O trabalhador do conhecimento passou a ser valorizado e visto como peça fundamental para o sucesso de qualquer negócio.

Fonte: Adaptado de Hanashiro; Teixeira; Zaccarelli, 2008.

2   Manuel Castells publicou o livro *A sociedade em rede: a era da informação, a economia, a sociedade e cultura*, em 1999, pela Editora Paz e Terra.

Analisando o Quadro 1.1, percebemos que administrar pessoas tornou-se um desafio constante dos profissionais do século XXI e que os processos de evolução que embasam esse trabalho continuarão acontecendo pelos próximos anos. Dessa forma, o entendimento dos subsistemas de GP e a aplicação de técnicas de recrutamento e seleção, treinamento e desenvolvimento, monitoramento de desempenho, além da compreensão de novas formas de remuneração, devem ser ferramentas ao alcance de todos os gestores. Independentemente do porte da instituição, de sua origem ou área de atuação, ela com certeza desfrutará dos benefícios que essas técnicas trazem para a maximização dos resultados almejados.

Para que essa nova visão de GP possa se desenvolver como um novo conceito – o de **pessoas como parceiras do negócio** –, a empresa deve reconhecer e tratar os indivíduos (corpo funcional) realmente como parceiros para que eles conduzam a instituição ao sucesso. Quando reconhecidas como parceiras, as pessoas tendem a demonstrar maior esforço, dedicação, responsabilidade, comprometimento e envolvimento – características essenciais para o enfrentamento desse novo ambiente competitivo, sem precedentes históricos.

Na era informacional (ou do conhecimento), o elemento humano deve ser considerado o maior patrimônio de uma organização, já que nenhum *software*, ferramenta, máquina, processo produtivo ou equipamento existe independentemente do recurso humano. As pessoas devem ser vistas como um patrimônio intangível, que precisa ser motivado, instigado, desenvolvido e reconhecido, para que sejam capazes de transformar o conhecimento que possuem em recursos tangíveis para a empresa, que, por sua vez, refletirá essa relação em contribuições relevantes para a sociedade.

Como benefícios da utilização prática dos modernos conceitos da GP, podemos destacar a manutenção do bom relacionamento entre empregado e empregador, a qual ocasiona, por meio de um aumento da produtividade, a elevação de lucros – ou seja, boas políticas resultam em ganhos financeiros.

Tendo em vista esse panorama econômico, podemos concluir que a GP auxilia a instituição no alcance tanto dos seus objetivos econômicos quanto do *status* de ser reconhecida como uma organização de destaque. Ela também é capaz de aumentar a competitividade diante dos concorrentes, pois permite que os colaboradores estejam sempre motivados, treinados e prontos para participar do processo de desenvolvimento organizacional.

Mas como se deu a evolução da função estratégica da GP?

Observe o quadro a seguir para compreender a evolução dessa área empresarial ao longo dos anos.

Quadro 1.2 – A evolução da função de GP no Brasil

Período	Fase	Características
Antes de 1930	Pré-jurídica trabalhista	Inexistência das relações trabalhistas e do Departamento de Pessoal.
Décadas de 1930 a 1950	Burocrática	Regulamentação das relações de trabalho: CLT. Surgimento do Departamento de Pessoal em virtude de exigências legais.
Décadas de 1950 a 1970	Tecnicista	Implantação da indústria automobilística. Implementação dos subsistemas de recursos humanos (RH) em resposta às demandas das indústrias. Preocupação com eficiência e produtividade.
Década de 1960 a 1970	Sistêmica	Surgimento da gerência de RH na estrutura organizacional e do setor de relações industriais. Enfoque comportamental do ser humano. Reformas estruturais profundas nas organizações.
Década de 1980	Adoção de modelos externos	Surgimento do movimento da qualidade. Migração da função de RH para áreas operacionais. Novas relações de trabalho.

(continua)

(Quadro 1.2 – conclusão)

Período	Fase	Características
Década de 1990	Processos de transformações social e econômica	Consolidação do processo de internacionalização dos mercados e globalização econômica. Acentuado avanço tecnológico e aumento da competitividade. Novos desenhos organizacionais: *downsizing* e reengenharia. Crises social e econômica: mudanças em relação ao conceito de emprego tradicional. Flexibilização.
Anos 2000		Exigência de um novo perfil de profissional e necessidade de uma nova postura empresarial no trato com o elemento humano. Desafio ao RH: necessidade de repensar sua função e adotar novas práticas. Empregabilidade e empresabilidade.

Fonte: Adaptado de Wood Junior, 1994.

Tendo em vista as características apresentadas no Quadro 1.2, podemos compreender que os gestores se deparam com desafios constantes, pois a identificação e a aplicação de novas práticas, ou a adequação de boas práticas de gestão, devem ser continuamente observadas e empregadas nas empresas que almejam se manter competitivas e atraentes, porque apenas assim elas serão capazes de reter os talentos humanos – por meio de um planejamento estratégico de RH que seja, ao mesmo tempo, coerente e eficaz.

Como vimos, ao longo século XX os conceitos de GP evoluíram e se modificaram, fundamentados na análise de teóricos acerca das relações humanas no ambiente de trabalho. Esse processo culminou no panorama empresarial do século XXI.

Desde que a administração se tornou ciência – por meio do estudo dos tempos e movimentos de Frederick Taylor, em 1903 –, vários estudos foram desenvolvidos no que diz respeito às pessoas, entre os quais podemos citar a tradicional teoria das relações humanas de Elton Mayo (1927-1932), que descobriu a existência do fator psicológico no ambiente de trabalho e a interferência deste na produtividade; e a hierarquia das necessidades humanas de Maslow (1954), que escalonou as necessidades humanas em uma pirâmide, distinguindo aquelas ligadas ao fator fisiológico (necessidades primárias) daquelas ligadas ao fator psicológico (necessidades secundárias).

Além dessas duas teorias, surgiu, posteriormente, a teoria dos dois fatores de Herzberg, que tinha o objetivo de compreender os fatores que causam a satisfação e a insatisfação dos operários no ambiente de trabalho. As condições impostas pelas empresas eram classificadas como *fatores higiênicos* e as condições ligadas aos fatores psicológicos do empregado, como *fatores motivacionais*.

Na atualidade, uma visão bastante moderna e aplicável ao cotidiano organizacional é a *Resource Based Review* (RBV), também chamada de *visão baseada em recursos* (VBR):

> é uma perspectiva explicativa do comportamento estratégico, fundamentada na ideia de que seleção, obtenção e disposição de recursos e desenvolvimento de competências únicas ou de difícil imitação resultam em diferenciação e vantagem competitiva sobre concorrentes. (Crubellate; Pascucci; Grave, 2008)

As teorias que visam compreender a vantagem competitiva podem utilizar o conceito de *visão* baseadas na interpretação de que empresas são celeiros de recursos heterogêneos valiosos, raros, inimitáveis, não transferíveis e não substituíveis. Essa ideia é preconizada pelos estudos de Jay Barney (2004) – é uma das principais autoridades em estudos sobre estratégia. Barney é professor na Ohio State University e um dos criadores do conceito da RBV – uma teoria recente na área de administração e estratégia, amplamente aceita no contexto acadêmico. Suas ideias podem ser sintetizadas pela sigla *VRIO* (Barney, 2004).

RBV: o modelo VRIO

V – Valioso
R – Raro
I – Dificilmente imitável
O – Organizável

A utilidade principal do modelo VRIO, segundo Barney (2004), "é ajudar os executivos a identificar quais recursos e competências podem ser fontes de vantagem competitiva sustentável e quais têm uma baixa probabilidade de sê-lo".

Esse modelo visa identificar as competências essenciais da empresa – trazendo um caráter estratégico aos negócios – para concentrar esforços nas ações que tendem a produzir resultados mais positivos. A RBV trata da formulação das estratégias empresariais com base nos recursos internos e nas competências, e não somente no mercado (foco econômico). Por isso, essa visão – considerada uma teoria devido à quantidade de estudos empíricos já realizados – é amplamente utilizada como uma forma de buscar vantagem competitiva por meio da GP.

Um conceito bastante moderno no que tange à visão estratégica de pessoas nas organizações é o de *capacidades dinâmicas*. Segundo Teece (2009), **capacidade dinâmica** é a habilidade que tem a organização de integrar, construir e reconfigurar competências internas para atuar em ambientes dinamicamente mutáveis. Essas capacidades possibilitam atuar de forma que se obtenha vantagem competitiva em mercados de grande complexidade, nos quais proliferam mudanças dinâmicas ocasionadas por fenômenos tecnológicos, políticos, econômicos e legais e há constante alteração dos processos produtivos. Esse contexto demanda que organizações e empresas consigam se adaptar rapidamente, para que possam se manter à frente de seus competidores.

O conceito de Teece (2009) aponta para a necessidade constante de aprendizado organizacional, o que requer colaboradores com disposição para reagir às mudanças. Ele também menciona três capacidades que embasam a capacidade dinâmica:

1. **Capacidade de sentir o contexto** – Focada nas ações da empresa em prospectar inovações com base em pesquisa e desenvolvimento, novas tecnologias e novos segmentos de mercado.
2. **Capacidade de aproveitar oportunidades** – Relacionada à criação de novos negócios com base em oportunidades a serem exploradas, por meio das quais os planos de ação são elaborados e executados.
3. **Capacidade de gerenciar ameaças e transformações** – Cultura organizacional propícia às mudanças, de forma que estas

não sejam percebidas como transtornos ao cotidiano empresarial, mas como estímulos ao comprometimento dos colaboradores, o que deverá resultar em melhoria no desempenho da empresa.

Podemos perceber, assim, que as capacidades dinâmicas são estratégias organizacionais que envolvem pessoas. Seu cerne está nas habilidades humanas em modificar os processos de trabalho, ou seja, na forma como colaboradores e equipes se comportam ao enfrentar o cenário competitivo.

No Quadro 1.3, vemos os principais estudos acerca desse tema e suas respectivas definições.

Quadro 1.3 – Definições de capacidades dinâmicas

Autores	Definição de capacidades dinâmicas
Collis (1994)	Capacidades de inovar mais rapidamente ou mais satisfatoriamente do que a concorrência.
Andreeva; Chaika (2006)	São aquelas que habilitam a organização a renovar suas competências-chave conforme ocorram mudanças no ambiente operacional.
Helfat et al. (2007)	Capacidade de a organização criar, estender ou modificar sua base de recursos propositadamente.
Wang; Ahmed (2007)	Comportamento constantemente orientado a integrar, reconfigurar, renovar e recriar seus recursos e capacidades e melhorar e reconstruir as capacidades-chave em resposta às mutações do ambiente para atingir e sustentar a vantagem competitiva.
McKelvie; Davidson (2009)	Trata-se um feixe de outras capacidades.

Fonte: Adaptado de Camargo; Meirelles, 2012.

Como o foco deste livro é tratar da GP de forma estratégica, alinhamos nossos estudos com a RBV e com a ideia de capacidades dinâmicas, por considerá-las relevantes na elaboração de um planejamento estratégico que leve em conta a manutenção de talentos. Nesse contexto, consideramos também o conhecimento e as capacidades técnicas, humanas e gerenciais. Concluímos, desse modo, que as equipes de alta *performance* podem ser autogerenciáveis ou conduzidas por uma liderança eficaz; que as metas devem ser elaboradas com base nas capacidades das equipes; e que, enfim, os gestores devem ter sempre em vista o cunho estratégico da GP e somente dessa forma aplicá-la às organizações, adaptando, assim, a teoria às realidades do mercado.

Indicação cultural

Leia o artigo "Empresa humana ou humano empresa?", disponível no *link* a seguir.

ANDRADE, D. P. Empresa humana ou humano empresa? **GV Executivo**, São Paulo, v.10, n. 1, jan/jun. 2011. Disponível em: <http://rae.fgv.br/gv-executivo/vol10-num1-2011/empresa-humana-ou-humano-empresa>. Acesso em: 14 abr. 2014.

2

Os processos e as políticas de gestão de pessoas (GP) e seus subsistemas

A gestão de pessoas (GP) é um sistema de administração composto por diversos outros subsistemas menores que se interligam para proporcionar aos administradores a eficácia dos seus negócios. Esta não é alcançada apenas pela excelência em matérias-primas ou processos, mas pelo conjunto de todos os fatores que proporcionam uma *performance* satisfatória.

Apresentamos no capítulo anterior os benefícios do bom gerenciamento de pessoas em uma empresa. Agora, vamos analisar como ocorre a operacionalização da gestão estratégica de pessoas dentro das organizações.

2.1

Os processos de gestão de pessoas (GP)

Os processos, as políticas e os subsistemas da GP formam um conjunto interligado e interdependente de atividades, de forma global e dinâmica, que varia de uma organização para outra. Esses processos captam, atraem, aplicam, mantêm, desenvolvem e monitoram as pessoas nos diversos níveis hierárquicos de uma organização, independentemente de setor, porte ou mercado.

Essas atividades se dão de forma integrada – jamais isolada –, pois cada subsistema possui interligação com as demais etapas, que podem ser compreendidas como parte de um ciclo, chamado *sistema de gestão de pessoas*, que é subdividido em cinco subsistemas, conforme podemos observar na Figura 2.1.

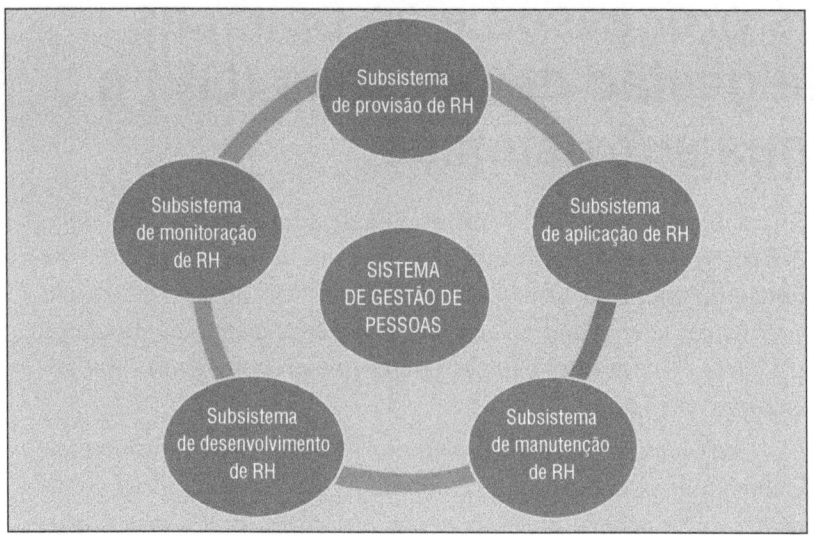

Figura 2.1 – O sistema de gestão de pessoas e seus subsistemas

Conforme propõe Pampolini (2013), cada subsistema apresenta suas particularidades e atividades:

- No subsistema *provisão de recursos humanos* estão as atividades de planejamento, recrutamento e seleção de pessoas.
- No subsistema *aplicação de recursos humanos* estão as atividades de desenho, descrição e análise de cargos e avaliação de desempenho.
- No subsistema *manutenção de recursos humanos* estão as atividades de administração de salários, planos de benefícios sociais, qualidade de vida no trabalho, higiene, segurança e relações sindicais.
- No subsistema de *desenvolvimento de recursos humanos* são realizadas as atividades de treinamento e desenvolvimento de pessoas e de desenvolvimento organizacional.
- No subsistema de *monitoração de recursos humanos*, os sistemas de informações de recursos humanos (RH) são monitorados por meio de banco de dados, indicadores e instrumentos

de controle, além de aspectos ligados à ética e à responsabilidade social da organização.

Todos esses subsistemas fazem parte dos processos de GP e possuem atividades particulares que podem ser visualizadas no Quadro 2.1.

Quadro 2.1 – Os processos globais de gestão de pessoas e suas atividades

Subsistema	O que deve ser observado	O que deve ser feito
Provisão	Quem irá trabalhar na empresa.	Pesquisas de mercado de recursos humanos, recrutamento e seleção.
Aplicação	O que as pessoas farão na organização.	Integração das pessoas, desenho, descrição e análise de cargos e avaliação de desempenho.
Manutenção	Como manter as pessoas trabalhando na organização.	Remuneração e compensação, benefícios e serviços sociais, higiene e segurança do trabalho, relações sindicais.
Desenvolvimento	Como preparar e desenvolver pessoas.	Treinamento e desenvolvimento organizacional.
Monitoração	Como saber o que fazem as pessoas.	Banco de dados, sistemas de informações, controles, frequências, produtividade, balanço social.

Fonte: Adaptado de Bohlander; Snell; Sherman, 2009.

Cada um desses processos requer definições e medidas de aplicabilidade, que apresentaremos nos capítulos subsequentes. Os argumentos abordados estão focados no aspecto gerencial. Na segunda parte deste livro, você poderá conferir a exposição de algumas ferramentas estratégicas da GP.

De todo modo, há uma extensa variedade de livros sobre os subsistemas de GP – ou RH. Essa bibliografia deve ser conhecida e aplicada por gestores que buscam a melhoria em processos e resultados.

Lembre-se de que uma moderna GP não dispõe de regras rígidas e estáticas, já que se trata de uma área situacional e contingencial, dependente de fatores como o porte da organização, a área econômica da qual esta faz parte, a legislação trabalhista, a legislação ambiental, a cultura da região, a oferta de mão de obra disponível e o comportamento do consumidor.

Gerir pessoas implica utilizar os recursos que se tem à disposição, respeitando as condições financeiras, culturais, estruturais e, principalmente, considerando as necessidades específicas. Devemos admitir assim, que a aplicabilidade de ferramentas de gerenciamento de pessoas não é uma fórmula matemática, pois depende de fatores internos e externos.

Assim, reconhecemos que as condições do ambiente em que a empresa está inserida, bem como a sua finalidade, impactam diretamente na escolha das ferramentas e técnicas de GP nas organizações, além do fato de sua aplicabilidade ética e eficaz ser diretamente responsável pelos resultados alcançados.

Com base nesse contexto, os gestores de pessoas podem desenvolver suas políticas e seus planejamentos estratégicos em consonância com os recursos humanos disponíveis, almejando resultados que sejam positivos tanto para os empregadores quanto para os empregados.

2.2

As políticas de gestão de pessoas (GP)

Cabe a cada empresa desenvolver as políticas de (RH) mais pertinentes à sua filosofia e às suas necessidades. Chiavenato (2011) determinou um roteiro para que a área possa desenvolver suas políticas:

- Política de suprimento.
- Política de aplicação.
- Política de manutenção.
- Política de desenvolvimento.
- Política de monitoração.

Veremos a seguir como cada uma dessas políticas ocorre.

A **política de suprimento** define as políticas e fontes de recrutamento e seleção, bem como as técnicas, o planejamento e a quantidade de recursos humanos necessários para o desempenho das atividades organizacionais. Nessa etapa, são estabelecidos os critérios e as técnicas de seleção, além de padrões de qualidade para admissão, grau de descentralização sobre as decisões de seleção (tendo em vista os cargos, a cultura e o clima da empresa) e, por fim, processos de integração dos novos colaboradores à empresa com eficiência e rapidez.

A **política de aplicação de recursos humanos** define os requisitos básicos da força de trabalho – como requisitos intelectuais, físicos e comportamentais para o desempenho de cada cargo; os critérios de planejamento, alocação e movimentação interna de pessoas, considerando o plano de carreira; as possíveis oportunidades futuras da organização; os planos e as sistemáticas para a contínua avaliação da qualidade e da adequação das pessoas.

A **política de manutenção de recursos humanos** trata de pesquisas salariais; remuneração direta; avaliação de cargos e salários no mercado de trabalho como um todo; remuneração indireta; pacote de benefícios que atendam à diversidade de cargos da empresa e às práticas de mercado; além de propor mecanismos para manter as pessoas motivadas, criar um clima participativo e produtivo e cuidar dos aspectos que envolvem as condições ambientais, de segurança e de higiene na empresa, de modo que se mantenha um bom relacionamento com sindicatos e órgãos de classes.

A **política de desenvolvimento de recursos humanos** define os procedimentos de diagnóstico e programação de preparação e reciclagem contínua das pessoas e os critérios de médio e longo prazo para o desenvolvimento destas – oportunidades de ascensão de carreira e desenvolvimento de políticas que assegurem a excelência organizacional por meio da mudança de comportamento dos colaboradores.

Por fim, a **política de monitoração de recursos humanos**, visa à manutenção de um banco de dados para a análise qualitativa e quantitativa das pessoas da organização. Ela possibilita a criação de critérios de auditoria permanente na aplicação e na adequação das políticas e dos procedimentos relacionados às pessoas da empresa.

Além das já apresentadas, ressaltamos que as políticas de GP também explicitam o código de valores éticos que servem para governar a relação da empresa com seus *stakeholders*. Os procedimentos estabelecidos acabam norteando o trabalho de todos, uma vez que delimitam a execução das tarefas dentro da organização, o que possibilita a equidade de tratamento em todas as situações. Afinal, os objetivos dessa área devem ser os seguintes:

- estabelecer condições empresariais para que as pessoas possam desempenhar com eficácia suas funções;
- desenvolver pessoas no que tange às competências e às habilidades que possibilitem o desenvolvimento das qualidades no ambiente de trabalho;
- proporcionar um ambiente propício ao desenvolvimento pessoal alinhado aos objetivos da organização.

Indicação cultural

Para refletir sobre as formas de produção e a gestão de pessoas (além de descontrair), assista ao seguinte filme:

BEE MOVIE. Direção: Steve Hickner e Simon J. Smith. EUA: Paramount, 2007. 90 min.

3

Gerenciamento de remuneração e recompensas

Este capítulo é dedicado às diversas estratégias existentes para recompensar as pessoas no ambiente organizacional, desde salários em dinheiro, benefícios legais e espontâneos, até as mais modernas formas de remuneração por competências e habilidades. Caberá aos gestores escolher as que melhor se adaptem à realidade da organização.

3.1

Remuneração e recompensas

As organizações são formadas por pessoas que desempenham suas atividades profissionais em troca de remuneração. Essa parece ser uma ideia ultrapassada, pois, no cenário atual, as pessoas buscam desempenhar funções em determinada empresa almejando também uma série de elementos subjetivos, os quais são fundamentais para a busca da satisfação pessoal.

Reconhecimento, *status*, prestígio, desafios, necessidade de pertencer a um grupo social e outros elementos passaram a fazer parte dos requisitos para que um talento permaneça em uma empresa.

> Mas, como extrair das pessoas o que elas podem oferecer de melhor em favor tanto de si mesmas quanto da organização?

O conceito de *homo economicus*[1], do início do século XX, segundo o qual a única motivação do trabalhador é a recompensa salarial, vem

---

[1] O termo homo economicus surgiu no estudo das teorias clássicas da administração, no início do século XX. Ele definia que o trabalhador se motivava apenas por interesses materiais e salariais. Hoje sabemos, segundo análises sobre os interesses do trabalhador, que isso não corresponde à verdade.

sendo substituído – e caberá aos gestores entender o papel do novo homem em termos sociais, organizacionais e comportamentais. Esse tema é estudado exaustivamente pelas teorias da administração.

> Como o novo homem quer ser remunerado? O que o motiva? Remuneração, recompensas ou ambos?

O gerenciamento da remuneração de uma empresa requer o estudo de cargos e salários, seja para a remuneração fixa, variável e estratégica, seja em relação aos benefícios e serviços disponibilizados aos colaboradores, que formam o composto salarial de uma empresa.

Remuneração é o conjunto de todas as formas de pagamento e recompensas que os trabalhadores recebem. É uma atividade delicada na área de pessoas, pois lida com a questão das recompensas que as pessoas recebem em troca de seu desempenho.

Para Vilas Boas e Andrade (2009), a remuneração é o conjunto de vantagens que uma pessoa recebe por prestar um serviço.

Recompensar de forma adequada é, portanto, mais um desafio aos gestores. Eventuais falhas nesse sentido podem acarretar mudanças no clima organizacional, além de causar desconfortos e descontentamentos.

Toda organização adota um complexo sistema de recompensas e de punições para manter o comportamento de seus funcionários em um nível desejado. As pessoas são recompensadas por meio de reforço positivo e punidas caso apresentem comportamentos inadequados ou indesejáveis, ou ainda quando não atingem as metas e os objetivos previamente traçados.

A principal recompensa é o salário. No entanto, alcançar o equilíbrio entre as formas de remuneração é um grande desafio, pois seu caráter é multivariado e resulta em sentimentos de equidade ou iniquidade – ambos subjetivos, mas ainda assim decisivos em relação à forma como as pessoas são tratadas e motivadas nas empresas.

Cada colaborador está disposto a investir o seu melhor à medida que obtém retornos justos e adequados ao seu investimento pessoal. Por isso, a forma de gerenciar a remuneração e as recompensas é fator primordial de atração, captação, retenção e manutenção das pessoas.

Mas, quais são os componentes da remuneração?

Veja a resposta no quadro a seguir.

Quadro 3.1 – Os componentes da remuneração

Tipos de remuneração	Componentes
Remuneração fixa.	Salário mensal Salário por obra (empreitada, projetos)
Remuneração variável	Participação nos lucros e resultados (PLR) Bônus Ações
Benefícios e serviços	Seguro de vida Seguro-saúde Vale-transporte Férias

Fonte: Adaptado de Vilas Boas; Andrade, 2009.

A maioria das empresas ainda utiliza o sistema tradicional de remuneração, composto por salário-base, adicionais legais, horas extras e benefícios, sendo comum a prática de banco de horas para evitar o pagamento de horas extras.

Há empresas mais inovadoras, que lançam a remuneração com base no valor agregado, na participação nos lucros e resultados (PLR), na participação acionária, além de comissões e bônus.

Vale destacar que o tipo de negócio que a empresa opera interfere na definição de salário, bem como o tipo de trabalho desenvolvido pelo empregado e o nível hierárquico do cargo, pois diferentes cargos exigem diferentes salários – em função do mercado de trabalho, da lei da oferta e da procura, do tamanho da empresa, da lucratividade, da localização, da filosofia da gestão, do tempo de casa das pessoas e do desempenho individual.

Para entender melhor as formas de remuneração (fixa ou básica; variável; benefícios e serviços), conheça os principais conceitos de administração salarial, definidos a seguir.

- **Salário** – Retribuição em dinheiro em função do cargo e dos serviços que uma pessoa presta por determinado período.
- **Salário nominal** – Representa o volume de dinheiro fixado em contrato individual pelo cargo ocupado; é o valor registrado na carteira de trabalho.
- **Salário real** – Representa a quantidade de bens que o empregado pode adquirir com o volume de dinheiro que recebe; corresponde ao valor aquisitivo.
- **Salário mínimo** – É a menor remuneração permitida por lei para trabalhadores de um país ou ramo de atividade econômica.
- **Salário efetivo** – Representa o valor recebido pelo empregado descontadas as obrigações legais: INSS, IR etc.
- **Salário complessivo** Representa o salário que tem inserido em seu bojo toda e qualquer parcela adicional: por exemplo, hora extra.
- **Salário profissional** – É aquele cujo valor é expresso na lei e se destina especificamente a algumas profissões: por exemplo, médico e engenheiro.
- **Salário relativo** – É a figura de comparação entre um salário e outro na mesma empresa.
- **Salário absoluto** – É o montante que o empregado recebe, líquido de todos os descontos, e que deve determinar seu orçamento.
- **Salário por resultado ou tarefa concluída** – É o montante que o colaborador recebe pelo que produz, vende e executa: construção civil, gerentes de projetos, executivos etc.

Fonte: Adaptado de Vilas Boas; Andrade, 2009.

É importante lembrar que as empresas não possuem apenas remunerações financeiras; mas também as não financeiras, tais como: oportunidades de desenvolvimento, estabilidade no emprego, qualidade de vida, promoções, reconhecimento e autoestima, orgulho de pertencer a determinada empresa e do trabalho realizado, ambiente físico saudável, bom relacionamento entre as pessoas, autonomia, cultura e clima organizacionais favoráveis.

Já as remunerações financeiras estão divididas em diretas (salário, prêmios e comissões) e indiretas (descanso semanal remunerado – DSR, férias, gratificações, gorjetas, horas extras, 13º salário, adicionais e decorrências financeiras diretas dos benefícios cedidos).

Esses aspectos interferem na motivação das pessoas, no que tange à satisfação com o sistema de remuneração adotado pela empresa. Os colaboradores gostam de sentir que são remunerados de maneira justa e equitativa, de modo que seu esforço corresponda ao objetivo organizacional alcançado.

E para a empresa? Salário é custo ou investimento?

As decisões a respeito de remuneração e salários são tomadas observando tanto aspectos internos quanto externos, mas a remuneração fixa e estável é a que acaba predominando nas empresas brasileiras. Infelizmente, esse método não costuma motivar as pessoas. Por isso, o sistema de remuneração variável pode ser mais interessante.

3.2

Tipos de remuneração: vantagens e desvantagens

Os sistemas de remuneração de uma empresa auxiliam de forma efetiva no alcance das metas traçadas, pois, no cotidiano dinâmico que vivemos, os programas de compensação devem acompanhar as mudanças e adequar-se às novas realidades. Entendemos que um bom programa de remuneração deve vir acompanhado da produtividade e do desempenho geral dos colaboradores.

Algumas empresas já perceberam a importância de um sistema de remuneração adequado à sua realidade. Elas têm abandonado os sistemas tradicionais e utilizado os sistemas de remuneração por desempenho, com planos flexíveis, por meio do atingimento de objetivos e metas estabelecidos consensualmente.

Sistema de remuneração tradicional

Corresponde à remuneração por cargo. É a forma mais tradicional utilizada pelas empresas para remunerar seus colaboradores. Segundo Malschitzky (2011), esse sitema possui as seguintes características:

- Ideal para as empresas que cresceram muito rápido e que sofreram mudanças complexas nos postos de trabalho.

- Permite a equiparação com salários do mercado mediante uma simples pesquisa, o que possibilita a criação de critérios para atrair a mão de obra desejada e preservar a equidade externa na comunidade.

- Possibilita a equidade interna, baseando-se em regras aplicáveis a todos, o que produz um sistema justo entre as pessoas.

O sistema de remuneração tradicional é composto pelos componentes explicitados no Quadro 3.2.

Quadro 3.2 – Componentes do sistema de remuneração tradicional

Componente	Característica
Descrição de cargo	É a base desse sistema, pois consiste no levantamento das atividades realizadas pelo colaborador.
Avaliação de cargos	Objetiva transformar os dados qualitativos e quantitativos para estabelecer uma base de comparação hierárquica e com classes salariais. Os fatores de avaliação são: mental, físico, responsabilidades e condições do trabalho, nos quais são considerados conhecimento, especialização, experiência, complexidade das tarefas, iniciativas, esforço físico, posições assumidas, habilidade manual, ferramentas e equipamentos, erros, valores, segurança, decisões e dados confidenciais, além de fatores ambientais e riscos do trabalho.
Faixas salariais	Mostram os limites internos mínimos e máximos dos cargos. A progressão se dá de acordo com o estipulado pela empresa, considerando o domínio de habilidades e competências, desempenho e resultados alcançados.

(continua)

(Quadro 3.2 – conclusão)

Componente	Característica
Política salarial	São as diretrizes da empresa. Elas devem ser compatíveis com o perfil do profissional que a empresa deseja atrair, de forma a reter seus talentos. Deve definir a frequência de avaliação de cargos, a realização de pesquisas de mercado, formas de reajustes salariais, salário de admissão, procedimentos de promoção e concessão de méritos.
Pesquisa salarial	É um instrumento de apoio. Normalmente é feito por empresa especializada, que monitora os cargos do mercado. Serve para análises estatísticas e apontamento de tendências.

Fonte: Adaptado de Malschitzky, 2011; Pontes, 1998.

Esses componentes contribuem para a definição da remuneração tradicional da empresa, pois se baseiam em dados quantitativos e predeterminados.

Sistemas de remuneração estratégica e variável

A remuneração estratégica é uma combinação equilibrada de diferentes formas de remunerar um trabalhador. Isso acontece pela necessidade de encontrar maneiras criativas de aumentar o comprometimento e o vínculo entre a organização e seus colaboradores. Esse sistema é composto por salário indireto, remuneração por habilidades e por competências, remuneração variável (PLR), detalhados a seguir.

Salário indireto

Corresponde a todo e qualquer benefício oferecido pela empresa: assistência médica e odontológica, assistência jurídica, aluguel de casa, automóvel, auxílio-doença, *checkup* anual, complemento de aposentadoria, estacionamento, financiamentos e empréstimos, gratificações, escola para os filhos, subsídios para estudo, seguros, descontos em produtos e serviços da empresa, clubes, auxílio-farmácia, ambulatório médico, creche, combustível, transporte e cestas básicas.

As vantagens desse tipo de remuneração, segundo Malschitzky (2011), são inúmeras. Entre elas, podemos destacar: a relevância dos benefícios quando da tomada de decisão do trabalhador em relação à permanência na empresa ou mesmo da aceitação de um novo trabalho; o impacto na qualidade de vida dos funcionários e de sua família; a opção de escolha, por parte do funcionário, dos benefícios mais adequados ao seu perfil.

Remuneração por habilidades

O objetivo desse tipo de remuneração é garantir a convergência de esforços para melhorar o desempenho da empresa. É uma forma inovadora de avaliar conhecimento e agregar valor ao trabalho (especialmente funções operacionais) e às atividades da organização (Vilas Boas; Andrade, 2009).

Nesse tipo de remuneração, conforme o trabalhador desenvolve suas habilidades – por exemplo, a habilidade verbal para um atendente de telemarketing e a manual para um operário da fábrica –, recebe progressivamente recompensas financeiras.

> Esse tipo de remuneração deve estar ligado a um forte programa de desenvolvimento e treinamento.

É indicado para o uso de novas unidades industriais, com projeto organizacional avançado e poucos níveis hierárquicos, nas quais se utilizam equipes autogerenciadas e com estilo de gestão aberto, voltado à administração participativa.

Também pode ser indicado àquelas empresas que passaram por projetos de reestruturação e precisam rever seus sistemas de apoio para dar sustentação à nova estrutura e ao novo estilo gerencial. Ressaltamos que esse tipo de remuneração é vantajosa para cargos operacionais e técnicos, não sendo recomendada para cargos gerenciais (Malschitzky, 2011).

Segundo Wood Junior e Picarelli Filho (2004), existem seis componentes essenciais no sistema de remuneração por habilidades, como podemos verificar na Figura 3.1.

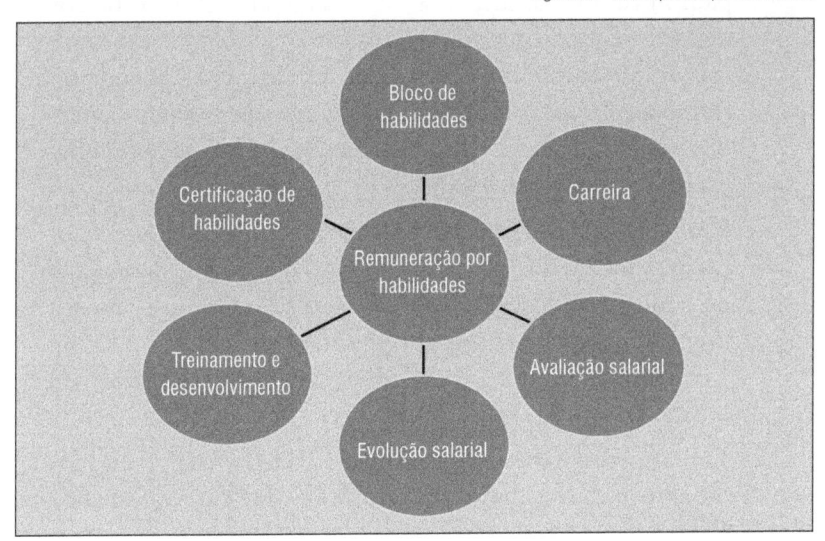

Figura 3.1 – Recompensas por habilidades

```
                    Bloco de
                   habilidades
                        |
  Certificação de       |           Carreira
   habilidades      Remuneração por
                     habilidades
                        |
  Treinamento e         |        Avaliação salarial
  desenvolvimento
                   Evolução salarial
```

Fonte: Wood Junior; Picarelli Filho, 2004.

1. **Blocos de habilidades** – *Habilidade* é a aptidão e a competência para se realizar algo. Pode-se remunerar por habilidade individual, quando esta possui alta complexidade, e por blocos de habilidades, quando estas são constituídas por um grupo de habilidades simples. Devem ser pensadas de acordo com o contexto de cada empresa, tendo por base a complexidade nos processos de cada função.

2. **Carreira** – Enquanto nos sistemas tradicionais o conceito de *carreira* está ligado a uma progressão vertical (crescimento de cargos na escala hierárquica da organização), na remuneração por habilidades esse conceito está ligado a um sistema horizontal (ampliação de funções no desempenho do trabalho atrelada à remuneração). O colaborador evolui mediante a certificação da habilidade de cada bloco. À empresa, cabe criar um plano estratégico de habilidades, a partir do qual se consegue administrar os custos de folha de pagamento, treinamento e gestão do processo.

3. **Avaliação salarial** – Como não há consenso entre o mercado das pesquisas de habilidades, pois é difícil criar uma

padronização, é indicado agrupar as habilidades ou blocos delas de tal modo que se possa realizar uma comparação entre cargos que constem nas pesquisas de mercado. Ela pode ser feita em relação às faixas salariais e, posteriormente, associadas e correlacionadas internamente, de modo a se obter uma escala gradual de salários.

4. **Evolução salarial** – Nesse tipo de remuneração há um vetor de crescimento da folha, que é próprio do sistema, decorrente do aumento do agregado de habilidades, o que ocasiona um impacto positivo nos salários. Ressaltamos que isso melhora a eficácia operacional, a produtividade e a racionalização de quadros.

5. **Treinamento e desenvolvimento** – Com os salários ligados diretamente ao desenvolvimento de habilidades, os funcionários tendem a pressionar a empresa para a realização constante de programas de capacitação. Esse sistema de remuneração requer treinamento e desenvolvimento constantes.

6. **Certificação de habilidades** – Após cada treinamento devem ser realizadas avaliações. Somente em caso de êxito deve-se certificar o funcionário e, consequentemente, remunerá-lo.

Os resultados positivos desse sistema sob a perspectiva horizontal são: maior flexibilidade para a organização, adaptabilidade, minimização de custos e redução dos índices de rotatividade e absenteísmo.

Já sob a perspectiva vertical, as vantagens são: favorecimento da cultura participativa, visão sistêmica, inovação, comprometimento dos funcionários e aumento da capacidade de autogestão (Malschitzky, 2011; Wood Junior; Picarelli Filho, 2004).

Remuneração por competências

Esse tipo de remuneração é indicado para executivos e cargos gerenciais, pois requer qualidades como: ter criatividade, saber lidar com incertezas, apresentar certo grau de abstração, além de demonstrar excelente postura e comportamentos assertivos.

Competências são características necessárias para obtenção e sustentação da vantagem competitiva de qualquer empresa.

A remuneração por competências objetiva reduzir a distância entre líderes e liderados por meio de uma mudança organizacional, caracterizada pela descentralização das decisões, autonomia operacional e medição de resultados por agilidade, flexibilidade, eficiência, eficácia e efetividade (Vilas Boas; Andrade, 2009).

O uso desse tipo de remuneração requer um contínuo processo de aprendizado e treinamento. A recompensa ocorre em razão do valor que o colaborador agrega à empresa, ajudando-a em sua missão pelo desenvolvimento de competências excepcionais.

Vilas Boas e Andrade (2009) mencionam que, para a implementação desse tipo de remuneração, deve-se primeiramente identificar as competências que criam valor para a empresa – e que, portanto, devem ser recompensadas; na sequência, determinam-se atributos, qualidades e comportamentos que diferenciam os profissionais de desempenho superior dos demais; depois, é preciso testar as competências de cada um, criando a referência de um conjunto de competências estratégicas que cada profissional deve ter; e, por fim, recompensam-se aqueles que possuem as competências desejadas com acréscimos na remuneração.

O foco dessa remuneração são as pessoas, e não os cargos, o que cria diferentes faixas salariais para uma mesma função.

Segundo Vilas Boas e Andrade (2009, p. 57), há quatro etapas a serem seguidas para a implantação da remuneração por competências:

1. Discussão com a chefia de cada colaborador com o levantamento dos pontos fortes e fracos e as competências necessárias para o desempenho do trabalho;
2. Criação de uma programação conjunta de um programa de desenvolvimento e treinamento, sendo o funcionário responsável pelo seu autodesenvolvimento e qualificação profissional;
3. Implementação gradual dos programas de treinamento e avaliação dos mesmos para que os funcionários consigam atingir as metas traçadas de comum acordo entre eles;

4. Implantação de um sistema de remuneração personalizado e mais coerente com a contribuição individual.

O fato de essa remuneração ser considerada flexível é uma vantagem, pois premia o grau de informação e o nível de capacitação contínua de cada trabalhador. Ela pode ocasionar uma redução de pessoal, visto que a empresa passa a ter menos pessoas com alto grau de competências. Já as desvantagens são: dificuldade na medição dos atributos, falta de definições claras e a rapidez com que os critérios tornam-se obsoletos, caso não sejam constantemente revistos.

Planos de incentivos

Com o intuito de promover o comportamento proativo e intraempreendedor de seus colaboradores, as empresas criaram planos de incentivo, cujo objetivo principal é incrementar as relações de troca e motivação. No Quadro 3.3, você pode conferir os principais planos de incentivos utilizados no mercado brasileiro, segundo Chiavenato (2009).

Quadro 3.3 – Tipos de planos de incentivo

Tipo	Características
Plano de bonificação anual	Valor monetário oferecido ao final de cada ano aos colaboradores que contribuíram efetivamente para o desempenho da empresa. Para isso, utilizam-se indicadores como: lucratividade, produtividade e aumento de participação no mercado. Esse bônus não costuma ser incorporado ao salário.
Distribuição de ações da organização	Distribuir de forma gratuita ações da empresa é uma forma de retribuir aqueles que tiveram bom desempenho. As ações são substituídas pelo pagamento em dinheiro.
Opção de compra das ações da empresa	É a oferta de ações, oferecidas a preços subsidiados ou transferidas aos colaboradores. A intenção é transformar o colaborador em acionista.
Participação nos resultados alcançados	Relaciona-se ao desempenho de cada colaborador no atingimento de metas e resultados estabelecidos por um período de tempo. Pode ser por departamento, por equipe ou individual.

(continua)

(Quadro 3.3 – conclusão)

Tipo	Características
Participação nos lucros e resultados (PLR)	É legalmente regulamentada e significa a distribuição anual de uma parcela dos lucros da organização entre seus colaboradores. É um tipo de remuneração variável.

Fonte: Adaptado de Chiavenato, 2009.

Um bom plano de remuneração e recompensas é um fator diferencial para empresas que estão dispostas a inserir novos modelos de gestão de pessoas (GP), voltados à sua realidade específica e adequados às suas necessidades. Caso essa revitalização não ocorra, a empresa pode vir a perder talentos e capital intelectual, o que – considerando os desafios impostos às empresas neste mundo globalizado – pode acarretar falta de crescimento e ausência de respostas rápidas aos desafios do mercado.

Por outro lado, Malschitzky (2011) lembra que os colaboradores também devem repensar sobre seus *gaps*[2] de competências, pois não está muito longe o tempo em que a elaboração de currículos não será mais necessária, uma vez que tendem a ser substituídos por um selo de certificação de competências, as quais serão comprovadas por órgãos certificadores que diferenciarão as pessoas no mundo corporativo.

Indicação cultural

O filme *Recém-chegada* (2009) trata da vida de uma ambiciosa executiva que decide arriscar em um negócio diferente. Excelente para a reflexão de gestão de pessoas em ambientes em que há sublinhadas divergências culturais.

RECÉM-chegada. Direção: Jonas Elmer. EUA: Gold Circle Films, 2009. 97 min.

---

2   Necessidade de melhoria.

4

Planejando o desenvolvimento de pessoas e organizações

O objetivo deste capítulo é apresentar uma interface entre a ferramenta *planejamento estratégico* e a gestão de pessoas (GP), em especial no que tange às necessidades de treinamento e desenvolvimento de pessoas nas organizações. Essas funções são responsáveis por prover os recursos humanos de conhecimentos, habilidades e desenvolvimento de atitudes, tão necessárias para o alcance dos objetivos coletivos.

> Jim Colins (citado por Koontz; O'Donnell; Weihrich, 1986) cunhou a frase *the right man in the right place*, ou seja, "o homem certo no lugar certo". Isso se tornou um objetivo a ser atingido pelas organizações.

Afinal, é importante que cada pessoa se encaixe perfeitamente na posição que ocupa dentro da empresa, pois **ter a pessoa certa, no lugar certo e no momento certo** é o que diferencia uma GP de outra e, consequentemente, uma empresa de suas concorrentes.

Essa afirmação nos apresenta uma questão bastante prática no cotidiano organizacional: o planejamento é o fundamento de toda e qualquer ferramenta de GP. Assim, recrutamento, seleção, treinamento, desenvolvimento, remuneração, avaliação de desempenho, qualidade de vida, monitoramento de pessoas, enfim, todas as ferramentas tidas como *operacionais* precisam ser planejadas e sincronizadas com a alta gestão da organização – que deve ser considerada tão estratégica como qualquer outra área da organização.

> *Planejar* significa antever, antecipar, vislumbrar resultados futuros. E qual é a forma mais eficaz de obter produtividade e qualidade na execução de tarefas, na padronização de processos, na comunicação, nas atividades diárias e nos fluxos de trabalho? Por meio de **treinamento**.

Treinamento e desenvolvimento são os processos utilizados para capacitar e incrementar o desenvolvimento profissional e pessoal, os quais envolvem: treinamento inicial e periódico, sempre que houver necessidade de aquisição de novas informações ou desenvolvimento de novas habilidades; e desenvolvimento de processos na organização, objetivando adaptar processos para melhor desempenho, agilidade e adaptação às demandas externas.

Marras (2011, p. 158) assevera que o treinamento prepara o homem para a realização de tarefas específicas, enquanto programas de desenvolvimento gerencial oferecem ao treinando uma macrovisão da organização, preparando-o para desafios de médio e longo prazos.

O treinamento não deve ser visto apenas como uma ferramenta capaz de modelar a pessoa ao cargo que ela pretende ocupar, mas como uma ferramenta capaz de potencializar as habilidades e desenvolver as competências do indivíduo para o exercício no trabalho, objetivando a satisfação do funcionário (pelo desempenho de um trabalho eficaz) e da organização (com o alcance dos resultados esperados).

Pampolini (2013) ressalta que o treinamento é apenas um dos componentes do processo de desenvolver pessoas, que inclui ainda as experiências que fortalecem e consolidam as particularidades desejáveis dos colaboradores no exercício do seu papel funcional. Ele é considerado, nesse ínterim, uma arma estratégica para as organizações.

O conceito de *treinamento* está intimamente ligado aos processos de mudança dentro das organizações, de modo que o desenvolvimento de uma política de treinamento e desenvolvimento de pessoas e organizações deve ser um procedimento planejado e sincronizado com as demais estratégias definidas pela gestão da empresa, independentemente de porte, setor e natureza jurídica.

4.1
Objetivos de treinamento e desenvolvimento

Entre os principais objetivos de treinamento e desenvolvimento, temos: preparar pessoas para a execução imediata das diversas tarefas no ambiente de trabalho; proporcionar oportunidades para o contínuo desenvolvimento das pessoas, não só para o cargo atual, mas também para funções futuras; mudar a atitude das pessoas, seja para melhorar o clima entre os funcionários, seja para aumentar a motivação ou torná-las mais receptivas às técnicas de supervisão e gerência.

O treinamento, para Chiavenato (2011, p. 193), pode ser realizado com ênfase nas seguintes dimensões:

- **Transmissão de informações** – Treinamento realizado para maximizar o conhecimento dos funcionários em relação: ao trabalho propriamente dito, aos usuários do serviço educacional, aos processos administrativos ou às políticas educacionais da instituição, bem como às regras e demais informações de cunho profissional.

- **Desenvolvimento de habilidades** – Treinamento que visa à operacionalização de instrumentos, máquinas, processos, formulários, burocracias, políticas de trabalho, fluxogramas, e demais tipos de tarefas que podem ser desenvolvidas no ambiente de trabalho. Por exemplo: o trabalho na secretaria de uma escola requer um profissional com habilidades para o tratamento, gerenciamento e armazenamento de informações da vida escolar dos alunos, o qual é desenvolvido por meio de um treinamento de habilidades.

- **Desenvolvimento de atitudes** – Treinamento que tem como objetivo modificar comportamentos, percepções e atitudes, os quais são refletidos no relacionamento interpessoal entre os próprios colegas de trabalho e com os demais públicos. Por exemplo: os coordenadores ou gestores de uma escola precisam desenvolver atitudes de liderança e comunicação interpessoal, as quais objetivam o bom relacionamento com os subordinados. Já entre os próprios colegas de trabalho, o desenvolvimento de atitudes positivas é necessário para a manutenção de um clima de trabalho positivo e harmonioso.

- **Desenvolvimento de conceitos** – Treinamento realizado com o intuito de auxiliar no processo de elaboração de novas ideias e novos conceitos. Visa também trazer soluções para a organização no que diz respeito às suas relações internas e externas, com enfoque especial no gerenciamento estratégico.

Vale observar que os resultados obtidos por meio dos programas de treinamento e desenvolvimento devem ser mensurados e divulgados a toda organização e que o planejamento e a execução desses programas devem estar alinhados com o planejamento estratégico da empresa, de forma que a sua implementação faça parte da missão e da visão empresariais e esteja alinhada entre a direção e os setores de execução.

Os programas de treinamento e desenvolvimento devem sempre ser vistos como um meio para o alcance de resultados de longo prazo, pois são as pessoas que executam os planos e as estratégias organizacionais.

Com a criação desses programas, há objetivos bem claros no que tange ao desenvolvimento de pessoas, entre os quais estão a transmissão de informações e o desenvolvimento de habilidades, atitudes e conceitos, como já ressaltamos. Observe na Figura 4.1 as mudanças obtidas por meio desses programas.

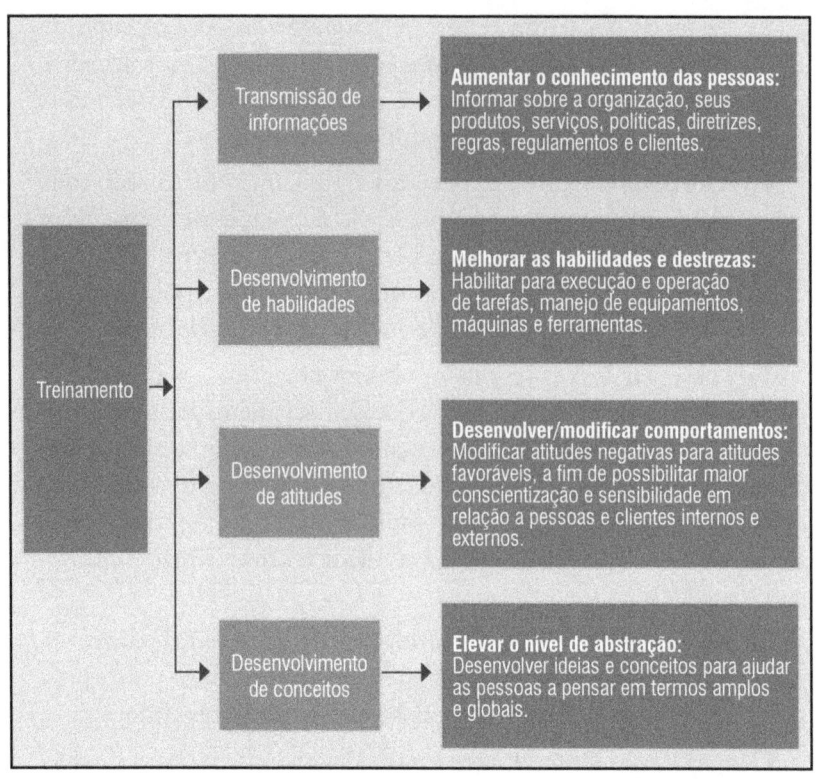

Figura 4.1 – Mudanças resultantes do treinamento

```
                        ┌─ Transmissão de    →  Aumentar o conhecimento das pessoas:
                        │   informações         Informar sobre a organização, seus
                        │                       produtos, serviços, políticas, diretrizes,
                        │                       regras, regulamentos e clientes.
                        │
                        ├─ Desenvolvimento   →  Melhorar as habilidades e destrezas:
                        │   de habilidades      Habilitar para execução e operação
                        │                       de tarefas, manejo de equipamentos,
  Treinamento ─────────┤                       máquinas e ferramentas.
                        │
                        ├─ Desenvolvimento   →  Desenvolver/modificar comportamentos:
                        │   de atitudes         Modificar atitudes negativas para atitudes
                        │                       favoráveis, a fim de possibilitar maior
                        │                       conscientização e sensibilidade em
                        │                       relação a pessoas e clientes internos e
                        │                       externos.
                        │
                        └─ Desenvolvimento   →  Elevar o nível de abstração:
                            de conceitos        Desenvolver ideias e conceitos para ajudar
                                                as pessoas a pensar em termos amplos
                                                e globais.
```

De modo simplificado, a **transmissão de informações** é um treinamento de objetivos simples e rápidos, que exige pouca energia na sua implementação. Já o **desenvolvimento de habilidades** requer do treinando o aprendizado para a execução de tarefas como o uso de máquinas e a utilização de um *software*.

No processo de **desenvolvimento de atitudes**, a modificação de comportamentos é o objetivo central. A liderança, por exemplo, é uma atitude buscada nos profissionais que atuam nas organizações em posições-chave. Por fim, o **desenvolvimento de conceitos**, trata da criação da visão conceitual. É geralmente aplicado aos gestores de cargos mais elevados e seu resultado é principalmente obtido pela educação formal.

4.2

Levantamento de necessidades de treinamento

Organizações bem-sucedidas se preocupam mais com a manutenção preventiva, ou seja, elas se antecipam às carências que seriam posteriormente observadas, promovendo um programa de treinamento e desenvolvimento para que novos conhecimentos, habilidades e competências se tornem imprescindíveis.

A elaboração de um projeto de treinamento contempla quatro etapas principais, ilustradas na Figura 4.2.

Figura 4.2 – Etapas do processo de planejamento de treinamento

```
Identificação das necessidades de treinamento
          ↓
Planejamento e programação do treinamento
          ↓
Execução de treinamento
          ↓
Avaliação dos resultados do treinamento
```

Fonte: Adaptado de Chiavenato, 2009.

1. **Identificação das necessidades de treinamento (diagnóstico)** – São as carências de preparo profissional identificadas pela diferença entre o resultado desejado (ideal) e o obtido (real). Elas indicam que existe um desencontro entre as expectativas da organização e a real produtividade dos funcionários no desempenho de suas atividades.

2. **Planejamento e programação do treinamento** – É a sistematização das ações que serão desempenhadas na organização no que tange aos treinamentos. Envolve quem será treinado, quem treinará, onde serão os treinamentos, como estes devem acontecer (metodologia) e quais são os objetivos.

3. **Execução do treinamento** – É a operacionalização daquilo que foi diagnosticado e planejado. Requer a mobilização de recursos humanos, materiais, financeiros e tecnológicos, para que a aprendizagem resultante desses treinamentos seja condizente com as expectativas da organização.
4. **Avaliação dos resultados do treinamento** – Nesse momento, deve-se analisar a eficácia do treinamento ante as expectativas. É o *feedback* da aprendizagem dos funcionários e da aplicabilidade dos conceitos adquiridos no cotidiano de trabalho, o que significa um aumento da produtividade.

Existem alguns indicadores fundamentais na análise dos resultados de um programa de treinamento. Entre eles, estão: economia de custos, melhoria de qualidade, economia de tempo, satisfação dos funcionários, tarefas contempladas, produtividade e porcentagem de tarefas bem-sucedidas.

Mesmo que o passo a passo esteja bem claro, restam ainda alguns questionamentos que os gestores geralmente fazem: Quando, exatamente, elaborar um treinamento? Quais critérios devem nortear essa demanda? Dessas questões surge o levantamento de necessidades de treinamento. Esse processo deve seguir os níveis organizacionais, de recursos humanos e de operações e tarefas, conforme podemos observar no Quadro 4.1.

Quadro 4.1 – Níveis de análise e aplicações de um treinamento

Nível de análise	Sistema envolvido	Informações básicas
Nível organizacional	Sistema organizacional	Objetivos organizacionais e filosofias de treinamento
Recursos humanos	Sistema de treinamento	Análise da força de trabalho (análise das pessoas)
Operações e tarefas	Sistema de aquisição das habilidades	Análise das habilidades, capacidades, atitudes, comportamentos e características pessoais exigidos pelos cargos (análise dos cargos)

Fonte: Adaptado de Chiavenato, 2009.

No nível da **análise da organização**, os objetivos estão ligados aos interesses diretos da empresa como um todo. São analisados objetivos estratégicos definidos e aplicados a todos os setores que a compõem, como tornar uma empresa um símbolo de qualidade no atendimento, meta ligada ao objetivo macro-organizacional.

No nível da **análise departamental**, a necessidade de treinamento se dá em escala setorial, como o aumento de produtividade, a aprendizagem de processos ou o desenvolvimento de atitudes (como o intraempreendedorismo.

No nível da **análise das tarefas e operações**, detectam-se as necessidades específicas dos ocupantes dos cargos, observando o conteúdo das tarefas e a necessidade de reestruturar as atividades de cada ocupante do cargo.

Os principais meios de levantamento de necessidades de treinamento são: avaliação de desempenho; observação (rotatividade, problemas disciplinares, perda de matéria-prima); questionários; solicitação de supervisores/gerentes; entrevistas com supervisores/gerentes; reuniões interdepartamentais; resultados da seleção dos funcionários que executam determinadas tarefas; modificação do trabalho (rotinas, métodos etc.); entrevista de desligamento; análise de cargos: tarefas e habilidades do ocupante; relatórios periódicos da empresa ou área de produção, com atenção especial a possíveis deficiências.

Todos os elementos constantes no treinamento e desenvolvimento – especialmente os que são obtidos por métodos de levantamento de necessidade de treinamento – devem ser vistos de forma estratégica.

4.3

Planos estratégicos de pessoas

Um plano estratégico de GP dimensiona quantas pessoas precisam ser contratadas ou remanejadas, quais as qualificações necessárias para a execução das metas organizacionais, quem precisa ser capacitado e quais políticas e procedimentos precisam ser criados. Ou seja, ele cuida de todo o arcabouço necessário para tornar a empresa competente e competitiva ante a concorrência.

Segundo Lacombe (2011), as organizações formais compreendem o plano estratégico em três níveis:

1. **Nível institucional** – São decididas as estratégias e o rumo da empresa.
2. **Nível gerencial, administrativo ou intermediário** – São preparados e executados os planos operacionais.
3. **Nível operacional ou técnico** – São executadas todas as atividades definidas nos níveis anteriores.

Esses três níveis devem contribuir para responder adequadamente às perguntas do planejamento estratégico, que são: Qual o nosso negócio? Como ele deve ser? Onde queremos chegar? O que queremos? Como faremos? Com quem faremos? Quanto custará? Quem fará? Quais são nossos pontos fortes? Quais são nossos pontos fracos? Quais são nossas oportunidades? Quais são as ameaças? Como está o cenário interno? Como está o cenário externo?

Todas essas perguntas devem ser respondidas respeitando as variáveis internas e externas à organização. Além disso, qualquer plano estratégico inicia-se no topo da hierarquia, podendo e devendo ser construído em conjunto com os demais níveis.

Nesse ínterim, alguns fatores relativos à realidade atual do mercado devem ser avaliados, para que o planejamento estratégico de GP seja executado da melhor forma possível. Vivemos uma época de mudanças nos requisitos da força de trabalho, devido à alardeada globalização e ao uso de novas tecnologias nas empresas. As atividades operacionais estão sendo reduzidas por conta das tecnologias empregadas nas organizações, criando uma maior necessidade de mão de obra gerencial, o que provoca um maior enfoque nas atividades estratégicas – ainda que a rotatividade de pessoal e o absenteísmo sejam fatores que atrapalham as realizações dos planos estratégicos.

Vilas Boas e Andrade (2009) definem *absenteísmo* como a frequência ou duração de tempo de trabalho perdido quando os funcionários não compareçam ao trabalho. Pode ser apresentado por meio de um índice, calculado de duas maneiras:

1. **Índice de absenteísmo A** – Quantidade de horas de trabalho perdido por mês, dividida pelo número médio de empregados, vezes o número de dias de trabalho. Como essa fórmula não possibilita considerar atrasos, férias, atestados, licença-maternidade e acidentes de trabalho, é possível adotar o índice B.
2. **Índice de absenteísmo B** – Total de colaboradores dividido pela quantidade de horas perdidas; o resultado é dividido pelo total de pessoas e este, pelas horas de trabalho.

Observou-se que as causas e as consequências do absenteísmo estão ligadas à capacidade profissional dos empregados e à motivação por fatores internos e externos. A quantidade e a duração das ausências estão diretamente ligadas à satisfação com o trabalho, às práticas organizacionais, à cultura da ausência, às atitudes, aos valores e à forma como o colaborador é tratado – ou seja, aos aspectos qualitativos e intangíveis.

Já a rotatividade de pessoal é composta pela saída e pela entrada de colaboradores e tem aspectos positivos e negativos. Não pode ser considerada causa, mas efeito de situações como: o mercado de oferta e a procura de emprego, as políticas salariais, a conjuntura econômica, as condições psíquicas e físicas do trabalho, o estilo de gestão adotado, além do padrão de relacionamentos e das oportunidades de carreira.

Quanto mais efetivos forem o recrutamento e a seleção das pessoas, menor será o índice de rotatividade. Como fator positivo desta, destaca-se a troca da empresa com o ambiente, pois uma organização sempre perde energia e recursos, mas também se alimenta de outras energias para manter o equilíbrio – a chamada *negentropia*[1].

A rotatividade pode ser determinada por dois tipos de desligamento, representados no Quadro 4.2.

---

1   *Entropia* é a tendência que os sistemas têm para o desgaste, a desintegração, o afrouxamento dos padrões e o aumento da aleatoriedade. À medida que a entropia aumenta, os sistemas se decompõem em estados mais simples. Se a entropia tende à desorganização, é necessário abrir o sistema e reabastecê-lo com energia e informações a fim de manter a sua existência; a esse processo dá-se o nome de entropia negativa ou negentropia.

Quadro 4.2 – Tipos de desligamento

Por iniciativa do funcionário	Relacionados a motivos pessoais e profissionais, insatisfação com o trabalho ou nova oportunidade de trabalho no mercado. Uma política atrativa de benefícios e incentivos pode manter o funcionário na organização.
Por iniciativa da empresa	Tem a finalidade de corrigir problemas de seleção inadequada, substituir um funcionário por outro mais adequado ao perfil da atividade, reduzir a força de trabalho, diminuir custos, empregar a sazonalidade das tarefas, entre outras.

Fonte: Adaptado de Vilas Boas; Andrade, 2009..

Observe que o índice de rotatividade pode ser assim calculado:

Índice de rotatividade = Número de funcionários desligados dividido pelo efetivo da organização.

Uma ferramenta que pode ser utilizada para detectar as causas de rotatividade em uma empresa é a entrevista de desligamento. Mesmo recebendo duras críticas sobre sua efetividade, ela poderá, se bem conduzida e direcionada, trazer algumas repostas à GP, o que pode possibilitar uma reestruturação de processos e demais aspectos da empresa.

Mas o que, exatamente, um plano de ação estratégico de GP deve conter?

Segundo Bichuetti (2011), um plano estratégico de GP deve ser objetivo e simples, para cobrir o que é essencial ao planejamento e à execução das ações referentes ao suprimento de mão de obra para a organização, com enfoque no lado prático e racional, evitando assim quaisquer elucubrações desnecessárias.

O autor ainda determina o roteiro a seguir (lembrando que adaptações e ajustes devem ser realizados de acordo com o perfil de cada empresa):

1. O conteúdo de um plano de ação deve incluir o resumo das ações estratégicas da empresa;
2. Deve ser feita uma análise SWOT de pessoal, descobrindo suas forças, debilidades, oportunidades e ameaças;
3. Deve ser realizada a identificação das necessidades de recursos humanos para cada área da empresa, além da identificação de cargos e posições-chave;

4. Deve-se identificar a necessidade de desenvolvimento e treinamento das pessoas, planejamento de sucessão e demais ações necessárias junto aos gestores de cada área;
5. Deve-se [sic] rever as políticas de RH e o aprimoramento dos processos de gestão de pessoas, a priorização de projetos, indicadores de desempenho, orçamentos dos planos de ação. (Bichuetti, 2011, p. 87)

Com base nesses itens, podemos compreender que um plano estratégico de pessoas precisa aliar conhecimentos acerca das ferramentas da GP (como recrutamento, seleção, treinamento, remuneração etc.) a conhecimentos ligados à estratégia organizacional, pois só assim é possível fazer com que o alinhamento estratégico efetivamente ocorra.

Indicação cultural

Leia o artigo disponível na base de dados Scielo, que trata de um caso prático da gestão de pessoas em uma organização de telecomunicações:

DUTRA, J. S.; HIPÓLIYO, J. A. M.; SILVA, C. M. Gestão de pessoas por competências: o caso de uma empresa do setor de telecomunicações. **RAC**, Rio de Janeiro, v. 4, n. 1, p. 161-176, jan./abr. 2000.

5

A cultura e o clima organizacionais na obtenção de resultados

Neste capítulo, iremos conhecer o que é cultura organizacional e quais são os fatores que a compõem, além de discutir sobre as estratégias organizacionais que podem influenciar o clima organizacional em busca de um ambiente de trabalho saudável e propício à produtividade.

5.1

Cultura organizacional

Em uma empresa, a condução de equipes deve respeitar as referências determinadas pela cultura local.

> Você sabia que todas as organizações têm uma cultura que é única? E que as especificidades dessa cultura podem conter respostas para muitos dos problemas enfrentados? E, ainda, que um dos papéis mais desafiadores de um líder é a criação e a manutenção de uma cultura saudável dentro da organização?

O conceito de *cultura* pode ser definido como um conjunto de valores e atitudes que determinam o padrão de comportamento implícito e explícito dos membros de uma organização, suas tomadas de decisões, bem como as interações e emoções evocadas entre eles. Os aspectos culturais podem ser tangíveis e intangíveis, sendo peculiares e únicos a cada empresa.

As políticas adotadas pela área de gestão de pessoas (GP) influenciam diretamente o gerenciamento da cultura da empresa e podem contribuir para torná-la ou não competitiva. Há três níveis de atuação da cultura organizacional, segundo Lacombe (2011).

Quadro 5.1 – Níveis de atuação da cultura organizacional

Primeiro nível: Artefatos visíveis – comportamentos e criações	Segundo nível: Valores visíveis e conscientes	Premissas básicas
Tudo que governa o comportamento das pessoas: lendas, histórias, ritos, mitos, cerimônias, valores, expectativas, modos de falar e de se vestir, *layout* do escritório, formalidade ou informalidade das relações e formas de comunicação.	Inclui inovações, lealdade, respeito às hierarquias, métodos de resolução de conflitos, políticas, normas e autoridade.	Aspectos não contestados na organização e que podem ocorrer em geral de forma inconsciente: crenças, paradigmas, natureza e intimidade das relações, ética, competição e relação com o ambiente.

Fonte: Adaptado de Lacombe, 2011.

Schein (1984) determina que, para compreender a cultura de qualquer empresa, é preciso considerar os níveis apresentados:

- **Nível de artefatos e criações** – Tais como a arquitetura, o *layout*, os modelos de comportamentos visíveis e invisíveis, a maneira como as pessoas se vestem.
- **Nível de valores** – Valores explícitos e manifestados por todos.
- **Nível dos pressupostos inconscientes** – No compartilhamento de valores que levam a determinados comportamentos e que, ao se mostrarem adequados à solução de problemas, vão sendo incorporados e transformados em pressupostos inconscientes.

A cultura de uma empresa pode ser utilizada como um recurso de gestão para o atingimento de objetivos, da mesma forma que os demais recursos. Pode ser manejada de forma explícita, por meio de **credos**, **políticas** e **normas**; ou de forma implícita, por meio de práticas e decisões que venham a definir a forma como a estratégia de negócio é operacionalizada, a fim de determinar o que é um desempenho bem-sucedido, quais são os tipos de comportamentos desejados, os tipos adequados de relações interpessoais, o relacionamento com os *stakeholders*, como se dará a competição e a cooperação interna, as subculturas entre os departamentos e a forma como os conflitos serão gerenciados.

Toda cultura organizacional tem aspectos visíveis e invisíveis, ambos com força de atuação semelhante. Observe, na Figura 5.1, quais são esses aspectos em uma cultura organizacional. O sistema desenvolvido por Chiavenato (2011) foi denominado *iceberg*.

Figura 5.1 – Aspectos da cultura organizacional

ASPECTOS FORMAIS
- Estrutura organizacional
- Títulos e descrições de cargos
- Objetivos e estratégias
- Tecnologia e práticas operacionais
- Métodos e procedimentos

ASPECTOS INFORMAIS OCULTOS
- Padrões de influência e de poder
- Percepções e atitudes das pessoas
- Sentimentos e normas do grupo
- Valores e expectativas
- Relações afetivas

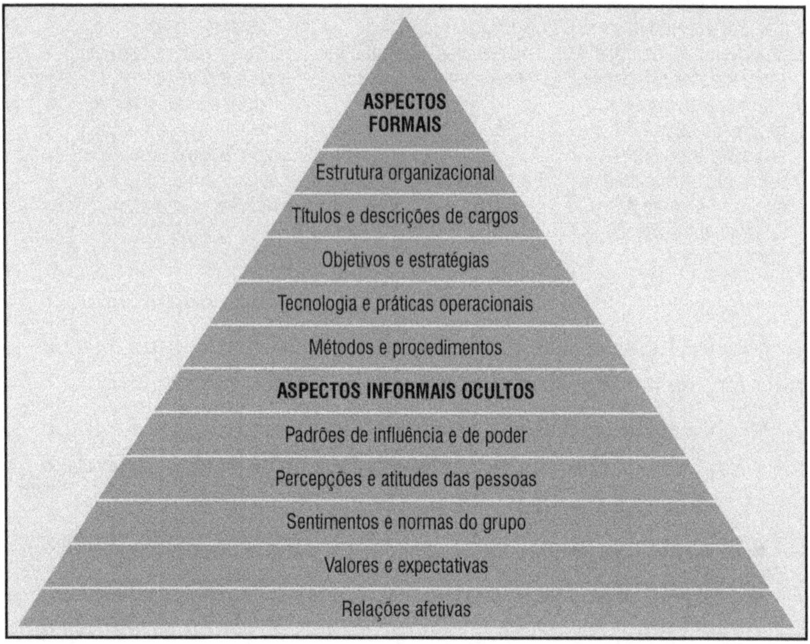

Fonte: Adaptado de Chiavenato, 2009.

Todos os fatores implícitos e explícitos de uma cultura têm ação preponderante sobre as decisões e os processos de mudança de uma empresa.

Um dos maiores desafios para os gestores é mudar a cultura de uma empresa, pois isso implica mudanças na forma de agir e pensar das pessoas – em último caso, se a resistência for extrema, deve-se proceder substituição de pessoal.

A mudança de cultura desafia hábitos enraizados de pensamento e de ação e confronta não somente o comportamento, mas todos os sentimentos que dão suporte ao pensamento habitual (Lacombe, 2011).

Uma boa comunicação pode atenuar os sintomas de um processo de mudança. Coutu (2002) destaca a compreensão dos seguintes aspectos na tentativa de facilitar o processo de mudança:

- A cultura de uma empresa não é monolítica.
- As culturas devem mudar pelo motivo certo.
- A cultura de uma empresa revela seus estilos de liderança.
- O trabalho de mudança de cultura não pode ser delegado nem terceirizado, pois requer o envolvimento de todos os níveis organizacionais.
- Acontece em longo prazo.
- Como vivemos em tempos de mudanças, é natural que as empresas mudem ou adaptem sua cultura para sobreviver às mudanças culturais.

> Você sabia que o entendimento da cultura organizacional requer uma abordagem multidisciplinar? Ciências como sociologia, antropologia, psicologia social, economia, administração e filosofia contribuem com seus princípios para explicar o contexto cultural de cada organização.

A cultura de uma empresa é profunda e extensa. Nesse contexto, o papel da área de GP é fundamental para implementar um programa formal de identificação, fixação cultural, gestão e acompanhamento ao longo do tempo, a fim de que a cultura organizacional contribua para gerar diferencial competitivo.

Segundo Freitas (1991, citado por Hanashiro; Teixeira; Zucarelli, 2008, p. 33), uma gestão eficaz de cultura organizacional deve observar os seguintes preceitos:

- Os critérios e requisitos no recrutamento e na seleção devem ser baseados no estabelecimento prévio de perfis que sejam coerentes com os valores organizacionais.
- A elaboração dos programas de treinamento e desenvolvimento deve enfatizar a história da organização, incluindo, se possível, depoimentos de heróis e filmes, cuja finalidade é criar um primeiro trabalho de socialização.

- Devem-se aplicar sistemas de recompensas e de *status* que premiem não somente a competência, mas também a lealdade e o comprometimento com os valores da empresa.
- A definição de carreiras e critérios de avaliação devem reforçar a filosofia, as crenças e os mitos existentes.
- O planejamento e a realização de solenidades devem solidificar a imagem de heróis e destacar o reconhecimento de comportamentos exemplares.
- Se possível, devem-se veicular histórias que revigorem os valores, as prioridades, os mitos eleitos e outros aspectos relevantes.
- O desenvolvimento de lideranças deve ter como referenciais a fixação de elementos culturais e multiplicadores internos.
- Deve-se realizar o mapeamento do sistema de comunicação, o qual deve ser pensado tanto considerando meios, instrumentos e veículos quanto a relação entre aqueles que se comunicam.

Entre os meios de comunicação, é preciso diferenciar os meios formais orais (contato direto, reuniões, telefonemas) dos meios escritos (jornais, circulares, *e-mails*, memorandos) e informais ("rádio-peão", conversas durante os cafezinhos ou nos corredores).

É importante ressaltar que a cultura organizacional não acontece espontaneamente: é necessário que a organização consiga moldar aspectos importantes, enfatizando ações que reforcem o comportamento positivo das pessoas, de forma que os gestores consigam proporcionar satisfação e comprometimento ao grupo de trabalho.

5.2

Fatores que contribuem ou não para uma cultura organizacional competitiva

Os fatores apresentados a seguir são baseados em Carvalho (2000). O autor buscou, por meio de uma extensa pesquisa, mapear valores a fim de tornar uma cultura organizacional ainda mais competitiva, ao término da qual, ele diferenciou:

- os valores compatíveis com a exigência do mercado competitivo;
- os valores não compatíveis com um desempenho empresarial competitivo;
- os valores em fase de transição, ou seja, valores novos, ou que, apesar de necessários, ainda não fazem parte da cultura da empresa (Carvalho, 2000).

Observe no Quadro 5.2 a descrição detalhada desses valores.

Quadro 5.2 – Os valores que podem tornar a cultura de uma empresa competitiva

Valores compatíveis com a competitividade	Valores não compatíveis com a competitividade	Valores em transição
■ Confiabilidade e credibilidade na alta direção ■ Comprometimento e sentimento de "vestir a camisa" ■ Honestidade e seriedade ■ Cumplicidade e compartilhamento de informações ■ Desempenho × ascendências na carreira ■ Delegação de responsabilidades ■ Atendimento diferenciado ao cliente	■ Foco apenas nos resultados ■ Centralização das decisões ■ Paternalismo ■ Conformismo ■ Formalidade/burocracia ■ Resistência às mudanças ■ Sistema de comunicação lento	■ Trabalho em equipe ■ Integração entre administração e rede ■ Informalidade ■ Foco também na satisfação pessoal ■ Foco no cliente, nos mais variados aspectos ■ Valorização da alta tecnologia ■ Promoção relacionada com o desempenho ■ Abertura para inovações ■ Decisões rápidas

Fonte: Adaptado de Carvalho, 2000.

Você percebeu como os valores apontados nessa pesquisa são importantes para a concretização de uma cultura organizacional competitiva?

Esses valores podem variar de uma empresa para outra. De qualquer modo, sua análise deve estar na agenda de prioridades dos gestores que querem formular estratégias de negócio mais competitivas e em consonância com uma cultura adequada.

Para cultivar culturas organizacionais bem-sucedidas, tanto os valores quanto as crenças e atitudes compartilhados pelos membros são importantes. Além disso, as histórias organizacionais devem ser ressaltadas, perpetuadas e recontadas, para que todos entendam como as ações se deram e se justificam, ou seja, como os eventos passados formam o arcabouço de significados do momento presente e como as decisões e ações dos fundadores contribuem ou não para o sucesso da empresa.

> Você deve estar se perguntando: Mas, afinal, o que torna uma cultura bem-sucedida?

Culturas baseadas em adaptabilidade, envolvimento, coerência e clareza contribuem para que isso ocorra. Acredita-se que a adaptabilidade – capacidade de perceber e responder rapidamente ao ambiente – seja uma das características mais importantes para que uma cultura prevaleça em diferentes épocas, de forma flexível, sem, no entanto perder os valores e comportamentos que lhe são benéficos.

Toda vez que os funcionários se sentem envolvidos nas tomadas de decisões, isso se reflete em um senso mais apurado de responsabilidade, criatividade e participação – o que, sem dúvida, é muito positivo.

Por isso, uma cultura organizacional coerente se dá quando uma empresa define e assina ativamente seus valores, atitudes e crenças.

5.3
O clima organizacional

O clima de uma empresa sempre estará ligado ao grau de satisfação dos colaboradores com seu ambiente interno. Ele tem relação direta com: motivação, lealdade, colaboração, identidade, interesse, aptidão para realizar o trabalho, facilidade nas comunicações, relacionamentos interpessoais, sentimentos e emoções; além da necessária integração dos níveis estratégico, tático e operacional e do respeito entre as pessoas e a equipe. Ou seja, o clima é diretamente impactado pelo ambiente que é criado e mantido em uma empresa, pois este influencia comportamentos e condutas, tanto favorável quanto desfavoravelmente.

Um gestor eficaz mapeia o clima organizacional, entendendo que dele dependerá boa parte do atingimento eficaz dos objetivos traçados. Clima e cultura são aspectos que devem ser monitorados constantemente por aquelas empresas que valorizam seus talentos, pois eles são fatores importantes para a captação e a retenção de pessoas.

A forma como um trabalho é reconhecido, as responsabilidades atribuídas, o calor e o apoio recebidos, o estilo das lideranças e a forma como os conflitos são tratados influenciam diretamente o clima organizacional. Luz (2003) identificou três aspectos essenciais em um clima organizacional, conforme podemos visualizar na Figura 5.2.

Figura 5.2 – Atitudes *versus* clima organizacional

Fonte: Adaptado de Luz, 2003.

Cada aspecto se relaciona às seguintes ideias:

1. A **satisfação** das pessoas está ligada à qualidade do clima organizacional.
2. A **percepção** de cada um sobre o clima da empresa influencia diretamente (positiva ou negativamente) no ambiente.
3. A **cultura** e o **clima** são faces de uma mesma moeda, pois se complementam.

Ainda segundo Luz (2003), *clima* é um fenômeno temporal, enquanto a *cultura* se forma por um grupo de práticas recorrentes. Ambos são fatores muitas vezes intangíveis, pois a cultura se manifesta por meio de rituais, códigos e símbolos, interferindo diretamente no estado de espírito e no ânimo das pessoas – ou seja, no clima percebido.

> Como criar um ambiente em que as pessoas tenham a percepção de um clima saudável?

De acordo com Lacombe (2011), para que as pessoas trabalhem de forma eficaz, é preciso que haja um esforço comum. Todos devem sentir que estão desenvolvendo suas competências, realizando suas aspirações profissionais e sendo reconhecidos e recompensados de maneira apropriada. Deve haver honestidade e integridade em tudo o que se diz e se faz. Uma comunicação ampla, em todos os sentidos, é imprescindível: de cima para baixo, de baixo para cima e lateralmente. Para que isso seja viável, os superiores devem estar genuinamente interessados em ouvir o ponto de vista dos outros, para que todos trabalhem com a perspectiva de um verdadeiro senso de equipe.

Quando um clima é positivo, as pessoas são mais criativas e proativas, partilham conhecimentos, confiam em seus superiores, colegas e subordinados, inovam, são animadas, confiantes e interessadas, além de apresentarem um forte sentimento de pertencimento.

Quando o clima é negativo, as pessoas fazem o mínimo indispensável, tornam-se descrentes, revoltadas, frustradas, desinteressadas, apáticas e inconformadas. Além disso, os índices de rotatividade e absenteísmo aumentam, as fofocas são fortalecidas e as inseguranças e o baixo desempenho prevalecem.

Um clima organizacional positivo demanda um quadro amplo (ainda que flexível) de influência ambiental sobre a motivação. A sociedade contemporânea nos apresenta um cenário de alta competitividade, no qual pequenos detalhes são capazes de garantir a sustentabilidade econômica e financeira de uma empresa. Para tanto, clima e cultura devem ser constantemente monitorados e gerenciados.

5.4

Como fazer uma pesquisa de clima organizacional

A chamada *pesquisa de clima organizacional* é feita utilizando-se um ou mais instrumentos de coleta de dados, geralmente em forma de questionários, a fim de descobrir o nível de satisfação das pessoas com tudo o que se relaciona ao trabalho.

Com base na análise das respostas, são propostas mudanças que buscam atender às necessidades dos colaboradores e corrigir possíveis problemas. Lembre-se de que o clima organizacional interfere diretamente na produtividade da equipe e, consequentemente, nos resultados da empresa.

O Serviço Brasileiro de Apoio às Micro e Pequenas Empresas (Sebrae) sugere algumas recomendações para realizar uma pesquisa de clima e cultura organizacionais. Você pode conferi-las a seguir.

- **Confidencialidade** – É essencial que os funcionários tenham certeza de que as informações prestadas serão mantidas em sigilo. Sem essa segurança, eles não serão sinceros. É importante também que a empresa terceirizada seja idônea.
- **Periodicidade** – Não se deve fazer a pesquisa de clima uma única vez, e ela não pode ser o único mecanismo de avaliação e de motivação dos colaboradores. O ideal é avaliar o clima organizacional uma vez por ano. Entre uma e outra análise, há tempo para realizar as mudanças necessárias. Além disso, as pessoas tendem a levar tempo para sentir os efeitos das mudanças.
- **Mudanças** – É igualmente perda de tempo e de energia fazer a pesquisa de clima e não promover mudanças. Se a empresa não estiver disposta a promover melhorias no ambiente, é preferível não criar expectativas.

Fonte: Adaptado de Sebrae, 2010.

Os resultados da pesquisa de clima são muito úteis para avaliar o grau de motivação do funcionário, se o desenvolvimento das pessoas está alinhado com o desenvolvimento da empresa e também o que é preciso melhorar.

5.5
Fatores que influenciam o clima de uma empresa

Como vimos, o clima de uma empresa está entre os principais aspectos para o crescimento de qualquer organização. Um bom clima ajuda a engajar os colaboradores, que, a partir disso, passam a valorizar mais o seu trabalho. Isso acaba gerando, de forma cíclica, um clima inovador, que promove as vantagens competitivas tão almejadas – o que, finalmente, agrega mais valor ao negócio.

Analise, no quadro a seguir, os fatores positivos e negativos que influenciam o clima organizacional.

Quadro 5.3 – Fatores influenciadores do clima organizacional

Fatores positivos	Fatores negativos
■ Companheirismo entre colaboradores e trabalho em equipe	■ Individualidade dos colaboradores
■ Reconhecimento pelas atividades	■ Intrigas, fofocas, inveja, falta de companheirismo, ética e postura
■ Oportunidade de crescimento profissional	■ Reatividade para desenvolvimento das atividades
■ Respeito	■ Não reconhecimento pelo trabalho desenvolvido
■ Incentivo para desenvolvimento das atividades	■ Falta de incentivos
■ Espaço para criatividade e inovação	■ Falta de espaço para criatividade e inovação

Por meio dos assuntos tratados neste capítulo, podemos concluir que a criação e a manutenção de um bom clima organizacional são investimentos necessários para qualquer empresa. Os benefícios vão da melhora do trabalho em equipe ao aumento da participação das pessoas, o que compensa qualquer investimento.

Indicações culturais

Para saber mais sobre os valores que tornam uma cultura organizacional competitiva, leia a seguinte tese:

CARVALHO, S. G. **O desvendar da cultura organizacional**: uma contribuição para mudanças estratégicas em ambientes competitivos. Tese (Doutorado em Administração) – Universidade Presbiteriana Mackenzie, São Paulo, 2000.

Para saber mais sobre como a comunicação pode atenuar os sintomas de um processo de mudança, leia o seguinte artigo:

COUTU, D. The Anxiety of Learning. **HBR**, Boston, mar. 2002. Disponível em: <///hbr.org/2002/03/the-anxiety-of-learning/ar/1>. Acesso em: 2 mar. 2014.

Assista ao filme *O diabo veste Prada*. Nele, Maryl Streep interpreta uma gestora autoritária que consegue influenciar negativamente o clima organizacional de uma empresa do ramo da moda em Nova Iorque. Esse filme, por ser bastante conhecido, popularizou a temática do estilo "durão" de gestão – fazendo-nos refletir até que ponto os empregados devem suportar esse tipo de situação.

O DIABO veste Prada. Direção: David Frankel. EUA: Fox Pictures, 2006. 109 min.

A fim de conhecer um bom exemplo de questionário para pesquisa de clima organizacional, acesse o *site* a seguir. Você poderá criar uma pesquisa adaptada à realidade da sua empresa:

CORRÊA, K. Pesquisa de clima organizacional: modelo de questionário de pesquisa de clima organizacional para pequenas e médias empresas. **Administração e Gestão**, 27 dez. 2009. Disponível em: <http://www.administracaoegestao.com.br/pesquisa-de-clima-organizacional/modelo-de-questionario-de-pesquisa-de-clima-organizacional-para-pequenas-e-medias-empresas>. Acesso em: 4 dez. 2013.

6

A obtenção de vantagem competitiva por meio de pessoas

Neste capítulo, vamos compreender melhor o que é vantagem competitiva e porque o gerenciamento eficaz de pessoas tem sido considerado uma forma de obtenção de diferenciais competitivos.

Se, por um lado, temos as empresas – inseridas em um mundo veloz, em que predominam ambientes competitivos; o que requer, por parte dos colaboradores, competências, habilidades e atitudes condizentes com os inúmeros desafios –, por outro, temos as pessoas – com qualidades técnicas específicas, ainda que flexíveis; autônomas, dispostas a assumir maiores responsabilidades; com entendimento holístico do negócio, independentemente do cargo, cuja grande característica é a elevada resistência às pressões, além da considerável disposição em "vestir a camisa" de uma empresa (Bichuetti, 2011).

Isso tudo temperado com a velocidade dos meios de comunicação, que promove a interação global entre as pessoas, bem como um convívio intensivo com outras culturas, povos, modos de ver e perceber o mundo. A partir desse panorama, você pode ter uma ideia de como, para a área de gestão de pessoas (GP), é essencial acompanhar e propor soluções para tantas inovações.

> Agora imagine se a área de recursos humanos (RH) tentasse conduzir esses desafios da maneira tradicional. Difícil acreditar que teria êxito, não é mesmo?

Uma coisa é certa: para aqueles gestores proativos, que buscam entender esse novo contexto ambiental e que conseguem o apoio necessário, uma nova perspectiva se abre, pois eles deixam de ser meros apoiadores burocráticos e passam a ser aliados estratégicos de toda a empresa. O posicionamento da área certamente muda. As atividades estratégicas, administrativas, operacionais e relacionais ganham novos contornos. Observe, no quadro a seguir, como essas atividades são realizadas.

Quadro 6.1 – As responsabilidades da gestão de pessoas moderna

Responsabilidades da Gestão de Pessoas

Estratégicas	Administrativas	Operacionais	Relacionais
■ Políticas de RH ■ Entendimento do negócio ■ Planos estratégicos de RH ■ Orientação aos gestores para que cumpram o papel de gestão do seu pessoal ■ Gestão de bancos de talentos ■ Apoio como agente de mudanças	■ Desenvolvimento e gestão de processos de RH ■ Administração de folha de pagamento e benefícios ■ Domínio da legislação trabalhista ■ Controle de litígios trabalhistas	■ Recrutamento e seleção ■ Plano de carreira ■ Compensação e benefícios ■ Programas de desenvolvimento de pessoal ■ Sistemas de avaliação de desempenho ■ Programas motivacionais ■ Saúde e segurança ambiental ■ Apoio aos executivos em suas funções como reais gestores de gente	■ Comunicação interna ■ Gestão de ferramentas virtuais de *network* e comunicação ■ Avaliação de clima organizacional e proposição de ações de melhoria ■ Relações sindicais ■ Relações com entidades de RH e setoriais ■ Apoio à responsabilidade social corporativa

Fonte: Adaptado de Bichuetti, 2011.

As organizações que se diferenciam das outras praticam, por meio de políticas e programas, o que demonstramos no Quadro 6.1, pois as empresas que progridem são aquelas que conseguem obter algumas vantagens competitivas se comparadas às suas concorrentes.

Mas, afinal, o que é *vantagem competitiva*?

Obtém vantagem competitiva a empresa que consegue ter/fazer algo difícil ou quase impossível de ser imitado. Pesquisas apontam que recursos tecnológicos e desenvolvimento de produtos e serviços inovadores são facilmente copiados. Além disso, custos baixos, diferenciação de produtos, qualidade, economias de escala, acesso a recursos financeiros baratos, estratégias inteligentes – tudo isso pode ser encontrado, copiado e adaptado.

Entretanto, o capital humano de uma organização é muito difícil de ser copiado – e já vimos o quanto a cultura e o clima organizacionais são essenciais, para isso. Nesse sentido, a maneira o jeito com que cada empresa organiza a gestão de seus recursos humanos contribui enormemente para que ela tenha diferencial competitivo ou não.

É importante destacar que, de um jeito ou de outro, a GP acaba sendo o foco de diferenciação hoje em dia. Lacombe (2011) define *vantagem competitiva* como a vantagem sobre os concorrentes, para oferecer mais valor aos clientes por meio de algo que o mercado valorize e que os concorrentes tenham dificuldades em imitar. A vantagem competitiva pode significar preços mais baixos ou benefícios que justifiquem preços mais altos.

Pode ser definida também como um conjunto de fatores específicos, difíceis de serem copiados, que colocam a empresa à frente de seu competidor.

6.1
Como obter vantagem competitiva por meio de pessoas?

No período de 1972 a 1992, foi realizada uma pesquisa nos Estados Unidos da América (EUA) que buscou identificar o que pode trazer vantagem competitiva concreta a uma empresa. A resposta? **A administração das pessoas!** As cinco maiores empresas pesquisadas atuavam em negócios semelhantes, altamente competitivos e de baixo retorno (Pfeffer, 1993).

Constatou-se também que a ampliação e a manutenção de vantagens competitivas ocorrem por meio de pessoas, de modo que a administração adequada de recursos humanos (RH) passou a ser a grande solução almejada pelas empresas. A implementação de um modelo excelente – nem que seja pela cópia de modelos bem-sucedidos – não é fácil. No entanto, se bem executada, obtém-se vantagem competitiva duradoura no mercado.

Conduzir uma equipe de trabalho motivada, leal, comprometida, competente, engajada, que "veste a camisa" e que está em contínuo processo de treinamento e desenvolvimento é essencial para empresas que desejam se perpetuar e atingir seus resultados.

Para Welch (2003), "estratégias não valem nada se não tivermos boas pessoas. Em meu modo de pensar, as pessoas devem vir em primeiro lugar. As estratégias vêm depois".

Mas existem medidas para obter a tão sonhada vantagem competitiva por meio das pessoas? De acordo com Pfeffer (1993), sim. Confira quais são elas na Figura 6.1.

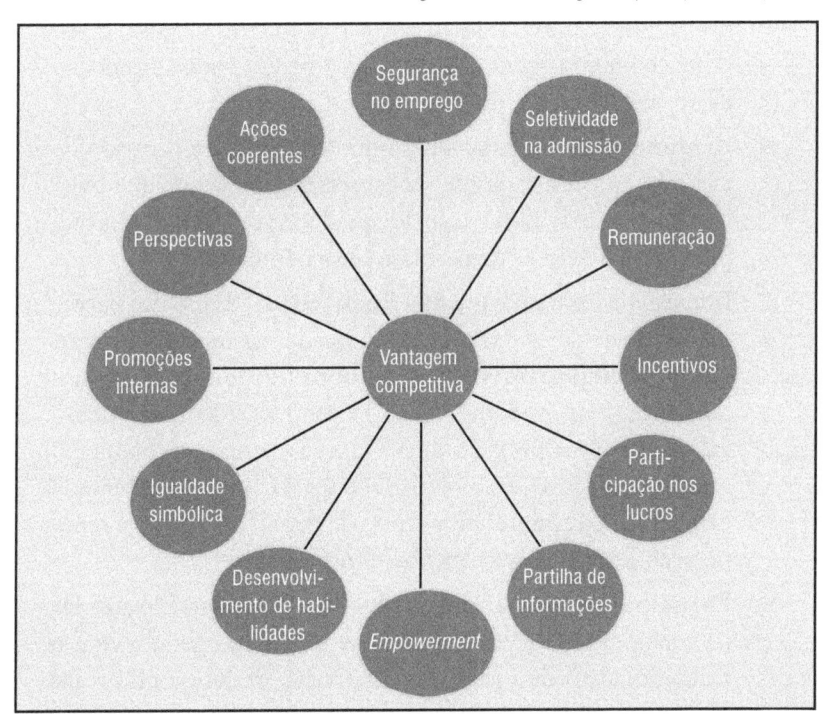

Figura 6.1 – Obtendo vantagem competitiva por meio de pessoas

Diagrama com "Vantagem competitiva" ao centro, conectada a: Segurança no emprego, Seletividade na admissão, Remuneração, Incentivos, Participação nos lucros, Partilha de informações, Empowerment, Desenvolvimento de habilidades, Igualdade simbólica, Promoções internas, Perspectivas, Ações coerentes.

Fonte: Adaptado de Pfeffer, 1993.

- **Proporcionar segurança às pessoas no emprego** – Equipes comprometidas e dedicadas só agem dessa forma se tiverem o sentimento de segurança no emprego, ou seja, uma sensação de estabilidade misturada ao risco saudável, sem a acomodação que não beneficia nenhum dos lados. Não se deve confundir *segurança* com *emprego vitalício*: o desempenho continua sendo importante para a manutenção do trabalho, afinal a reciprocidade (que pode ser observada como uma característica de todas as civilizações) não pode ser deixada de lado nas relações de trabalho. Inovar, atender bem os clientes, produzir mais com menos – isso só se alcança por meio de pessoas satisfeitas, seguras e envolvidas.

- **Alta seletividade na admissão** – Para proporcionar segurança aos trabalhadores, o processo de recrutamento e seleção requer um esforço enorme para escolher a pessoa certa para o cargo certo. Devem-se observar valores e crenças pessoais condizentes com a cultura da empresa, qualidades e habilidades desejadas. É importante também que o funcionário se sinta importante ao ser contratado. Tudo isso contribui para a promoção de vantagem competitiva.

- **Remuneração elevada** – Há uma tendência no mercado de trabalho que é a seguinte: você obtém aquilo por que paga. Um pacote de remuneração adequado atrai pessoas mais qualificadas e desejosas de permanecer na empresa.

- **Incentivos financeiros e não financeiros** – Tanto um pacote de remuneração interessante quanto outros incentivos intangíveis são importantes para reter bons funcionários. Quanto aos incentivos, podemos citar: segurança, reconhecimento, valorização, perspectivas de realização pessoal e profissional, ambiente saudável, credibilidade, respeito, orgulho, camaradagem, ética, constantes programas de desenvolvimento e remuneração justa por desempenho e meritocracia.

- **Participação acionária e nos lucros** – Essa participação faz os colaboradores se sentirem parte do capital gerado com o trabalho, além de incentivar uma visão de longo prazo dos objetivos, das estratégias e das políticas de investimento da empresa. Outra vantagem é que a participação nos resultados transforma custos fixos em variáveis, o que pode ser um diferencial na hora de enfrentar momentos de dificuldade – afinal, promove o comprometimento e a sensação de segurança dentro da empresa.

- **Partilhar informações** – Se a organização quer que seus colaboradores sejam fonte de vantagem competitiva, deve partilhar as ideias, as inovações e as estratégias da empresa. No entanto, a detenção de informações representa poder – e o poder é mais difícil de ser compartilhado. Ter acesso à informação é sinal de *status* e vaidade. Além disso, existe o medo legítimo de que a concorrência conheça detalhes que venham a atrapalhar os negócios. Entreto, sem informação adequada não há confiança. Uma saída possível é organizar reuniões com pessoas dos altos escalões e convidar pequenos grupos de todos os níveis, para trocar ideias, ouvir sugestões e ceder informações úteis para o desempenho do trabalho de cada um. Deve existir uma facilitação de contatos entre os níveis, ou seja, uma partilha de informações que privilegie o negócio, evitando assim mal-entendidos, boatos e informações incorretas.

- **Descentralização e *empowerment*** – Deve-se estimular a descentralização das decisões, permitindo que os empregados participem desse processo: isso aumenta a motivação, o comprometimento, a satisfação e a produtividade.

- **Treinamento e desenvolvimento de habilidades** – As pessoas devem estar preparadas para exercerem bem o papel que lhes cabe. Elas devem ser capazes de empregar seu conjunto de conhecimento, habilidades e atitudes em múltiplas posições e em situações diversas.

- **Igualdade simbólica** – A redução de *status* dentro da organização tende a proporcionar maior abertura na comunicação, caso esta seja aberta e frequente.

- **Prioridade para promoções internas** – Toda vez que alguém ascende na hierarquia, o nível de conhecimento da empresa melhora. É importante aproveitar a mão de obra da casa, criar perspectivas de carreira e estreitar os laços entre empregado e empregador. Vale lembrar que um bom plano de avaliação de potencial e de qualificações é necessário para que as promoções internas sejam bem-sucedidas.

- **Perspectiva de longo prazo** – A tentativa de obter vantagem competitiva por meio de pessoas requer investimento a longo prazo. Os gestores devem ter consciência disso para que possam planejar adequadamente suas ações estratégicas.

- **Ações que tenham coerência com a cultura organizacional** – Todas as práticas citadas estão inter-relacionadas e precisam ser calcadas na cultura da organização: valores, crenças, políticas e estratégias (sob pena de a empresa tornar-se contraproducente). Deve haver coerência e consistência entre as políticas de RH e as estratégias da empresa, bem como entre as políticas e práticas de todas as áreas.

Atente para o fato de que a obtenção da vantagem competitiva por meio das pessoas deve ser sustentada a longo prazo. Ela requer disciplina, clareza, foco e investimento. A maioria das empresas acaba abandonando essas ações, pois tendem a pensar de forma imediatista. Como os indicadores são mais qualitativos, os empresários não têm paciência para esperar. Se fosse fácil implantar essas práticas e se os resultados viessem a curto prazo (o que não ocorre), todas as empresas seriam estruturadas dessa forma.

6.2

O papel dos gestores de pessoas na obtenção de vantagem competitiva

Toda empresa precisa de um gestor, um líder, um maestro para orquestrar as ideias e os objetivos em ações concretas. Ele deve estar preparado para guiar o processo de desenvolvimento com as equipes, a fim de atingir os resultados almejados. Acreditamos, assim, que todo gestor acaba sendo um gestor de pessoas.

Na segunda parte deste livro, você terá um capítulo dedicado ao gerenciamento e à liderança estratégica. Neste ponto da obra, veremos aspectos relacionados aos obstáculos do exercício da gestão, e o quanto isso impacta a vantagem competitiva de um negócio.

Bichuetti (2011) cita uma pesquisa realizada com 62 executivos, cujo objetivo era investigar o *status* da área de GP em empresas, na qual foram elencados os seguintes itens como as principais dificuldades da área:

- Atitude da cúpula estratégica, que tende a não valorizar a área de GP, influenciando, por consequência, a cultura da empresa e a atitude dos liderados.
- Despreparo dos executivos para gerir as pessoas.
- Falta de valorização da função de GP dentro da empresa.
- Falta de preparo das academias, especialmente dos cursos de gestão, em relação à importância do tema e à maneira de tratá-lo.

Em relação à falta de preparo dos executivos que gerenciam pessoas, destacamos que tal despreparo é potencializado pela grande pressão por resultados de curto prazo, o que acarreta perda de foco nas pessoas; por processos de recrutamento e seleção mal planejados; pela composição das equipes sem o cuidado com o CHA[1] de cada integrante; pela falta de investimento no subsistema de desenvolvimento e treinamento de pessoas; pela falta de planejamento na sucessão; pela falta de conhecimento e preparo para agir como *coach* (treinador, desenvolvedor) de sua equipe; por equívocos na delegação de tarefas e poder; e, o fato mais crítico: ter como modelo um executivo mal preparado ou que não valoriza os seus recursos humanos.

A valorização das pessoas e o respeito por elas deve ser fator preponderante nas empresas que já entenderam que seu recurso mais precioso é o seu capital humano.

---

1   **Competências**: Conhecimentos técnicos, experiência na área de atuação, empreendedorismo, técnicas cotidianas de trabalho etc. **Habilidades**: Liderança, gestão de conflitos, comunicação interpessoal, capacidade de influenciar as pessoas positivamente. **Atitudes**: Empatia, bom-humor, criatividade, concentração etc. (Nickel; Penkal; Ramos, 2013).

Mas como corrigir tais deficiências?

A área de RH pode e deve contribuir para que isto aconteça. Porém, é necessário, antes de tudo, ter respeito e reconhecer o grau de importância de cada elemento da empresa – especialmente daqueles que conduzem o negócio e são responsáveis pelas decisões principais.

Se são as pessoas que movem a empresa, por que a área de pessoas muitas vezes não é convidada para as principais decisões – por exemplo, para arquitetar os planos estratégicos? Será que falta iniciativa ou posicionamento dos gestores de pessoas para que a área seja considerada, além de operacional, também estratégica?

Bichuetti (2011, p. 34), por meio de uma análise comparativa dessa situação, aponta a percepção dos demais executivos de sua empresa sobre a área de pessoas:

a. As áreas de RH pesquisadas acreditam possuir as competências e desenvolver as estratégias adequadas pertinentes às pessoas, ao passo que os demais gestores consideraram que o RH carece de capacitação para elaborar planos de desenvolvimento de talentos convergentes com a estratégia corporativa;
b. Os funcionários de RH acreditam participar ativamente da consolidação dos processos de gestão de talentos, porém os demais gestores avaliam que o RH não assegura o sucesso ou o fracasso das ações da gestão destes talentos;
c. O RH declara-se responsável pela gestão de talentos ao passo que os demais gestores acreditam que são eles os responsáveis por sua gestão;
d. O RH julga oferecer suporte e apoio aos gestores; estes, porém, declaram não receber apoio suficiente;
e. As avaliações convergem quando se trata de reconhecer que a área de RH dedica-se à administração e não a parcerias de negócios.

Será que existe uma miopia na área? Será que existe uma miopia por parte de todos? Há despreparo dos executivos? Os temas referentes a pessoas não são tratados de forma superficial? Como tornar a área de pessoas parceira do negócio? Como obter o reconhecimento devido? Como quebrar esse círculo vicioso de comunicação falha?

Sem dúvida, a dinâmica de cada organização responde de maneira diferente a essas questões. Entendemos que o executivo da área de pessoas deve mudar sua atitude, colocando os temas citados nas agendas de discussões internas; insistindo em mudar o *status quo* vigente; buscando formação condizente com seu perfil de ação; e demonstrando a importância, para os tempos atuais, da correta valorização e do desenvolvimento do capital mais precioso das empresas: as pessoas.

Para enfatizar essas ideias, mencionamos a famosa frase de Carnegie (2013):

> "Retirem de mim minha gente, mas deixem minhas fábricas, e logo ervas daninhas crescerão no piso. Retirem de mim minhas fábricas, mas deixem minha gente, e em breve teremos novas e melhores fábricas".

6.3

O capital humano, o *generation mix* e a vantagem competitiva

A competitividade acontece quando uma empresa ocupa uma posição superior em relação a seus concorrentes, o que produz uma maior atratividade para seus clientes. Uma empresa conquista vantagem competitiva de inúmeras formas, no entanto, alguns estudiosos têm procurado identificar quais os fatores que mais influenciam na obtenção desta.

Como os recursos adquiríveis são rapidamente absorvidos e copiados pela concorrência, o diferencial está na busca de recursos menos transacionáveis, que sejam duradouros e intangíveis, visando à criação de competências intrínsecas de cada empresa – e, portanto mais difíceis de serem imitadas.

E a vantagem competitiva sustentável? Como ocorre?

Ghemawat (1986) propõe que a capacidade de inovação, somada aos processos de fabricação e à atuação do *marketing* é, talvez, a principal fonte de vantagem competitiva sustentável. Como isso também é apropriado para a concorrência, ele percebeu que, para além dessas qualidades, as empresas que se sustentavam ao longo do tempo eram aquelas que tinham acesso ao que o cliente queria e controle de seus recursos (o porte da empresa interferindo neste controle), e além de transformarem em oportunidades as restrições enfrentadas pelos concorrentes (Ghemawat, 1986).

Com o aprofundamento dos seus estudos, Ghemawat (1986) descobriu que a vantagem competitiva é mais bem desenvolvida a partir de uma abordagem estratégica. Tendo isso em vista, ele propôs, nos anos 1990, a *Resource Basead View* (RBV), ou *visão baseada em recursos* (VBR) – apresentada no primeiro capítulo.

> Capacidade de aprender coletivamente, dinamismo, flexibilidade e respostas rápidas são fatores preponderantes para as empresas sobreviverem. Qual recurso detém essas qualidades? Os capitais humano, social e organizacional.

O capital humano integra capacidades, conhecimentos, habilidades, atitudes, criatividade, inteligência e experiências das pessoas. Associado ao capital social, compõe o capital organizacional.

O capital organizacional depende da cultura e dos sistemas da organização, da reputação da empresa no mercado, dos direitos de propriedade intelectual e dos processos de produção. Esses elementos dependem da qualidade nas relações sociais e da confiança, que é a base para o aprendizado coletivo.

Esses três capitais são ativos estratégicos capazes de promover a tão desejada capacidade competitiva sustentável. Observe, na Figura 6.2, como isso ocorre.

Figura 6.2 – Capacidade competitiva sustentável

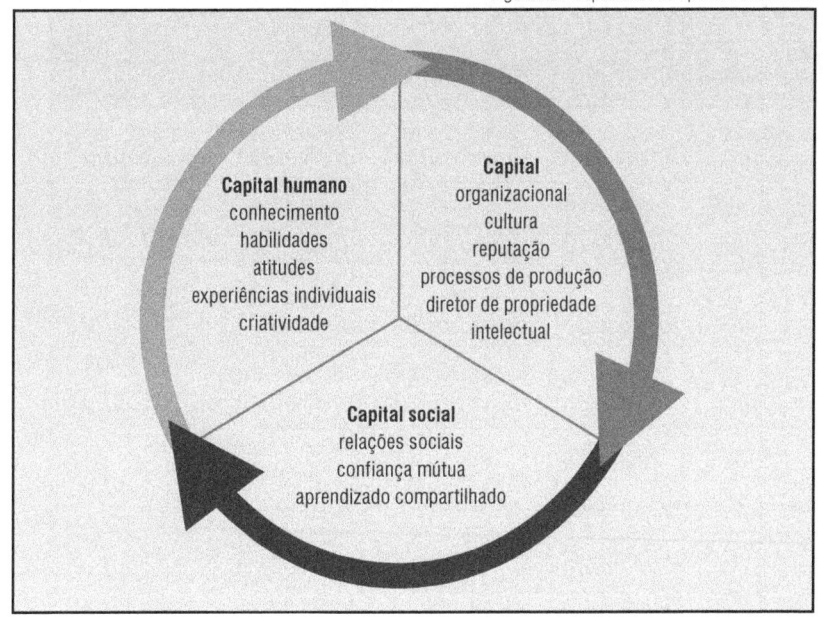

Capital humano
conhecimento
habilidades
atitudes
experiências individuais
criatividade

Capital organizacional
cultura
reputação
processos de produção
diretor de propriedade intelectual

Capital social
relações sociais
confiança mútua
aprendizado compartilhado

Fonte: Adaptado de Hanashiro; Teixeira; Zaccarelli, 2008.

Mas, como conseguir a maximização do CHA individual e coletivo, além da tão desejada criatividade, para que seja possível alcançar os objetivos organizacionais? Como lidar com a *generation mix*?

No início da década de 2000, surgiram estudos provenientes de várias áreas sobre as características de cada geração. O resultado é a *generation mix*, que classifica as pessoas de acordo com sua época de nascimento. As gerações são: veteranos, *baby boomers*, X, Y e Z.

As funções exercidas dentro das empresas requerem perfis distintos de atuação, distribuídos em diferentes faixas etárias. Para melhor compreender as diferenças entre as últimas gerações e observar mais acuradamente as características de cada uma no ambiente de trabalho, analise o Quadro 6.2, que trata justamente das principais características de cada geração.

Quadro 6.2 – As *generation mix* e suas características

Geração (por ano de nascimento)	Veteranos 1922 a 1945	*Baby boomers* 1945 a 1964	Geração X 1965 a 1979	Geração Y 1980 a 2000
Características	Hoje estão acima dos 60 anos. Caracterizam-se pela lealdade à empresa, pelos hábitos arraigados e pelo autoritarismo.	Estão ativos nas empresas e são muito dispostos ao trabalho. São democráticos, gostam de segurança, promovem atividades em equipe e são leais à empresa.	São autossuficientes, menos apegados à empresa. Sua ligação ao trabalho dá-se, sobretudo, por meio das amizades. Gostam de trabalho flexível e de autonomia. São poucos hábeis do ponto de vista político.	Pouco estáveis, gostam de tarefas desafiadoras e nada rotineiras. Possuem baixa aderência a regras, são pouco leais e usam muito a tecnologia.
Relação com as autoridades	Respeito pela autoridade e pelo sistema hierárquico. Senioridade e cargos são respeitados.	Desafiam a autoridade e gostam do sistema horizontal e democrático.	Não se deixam impressionar pela autoridade. Competências e habilidades são mais respeitadas do que a idade.	Respeito pela autoridade que demonstrar competência. Ensinam seus superiores a usar a tecnologia.
Relação com a organização que trabalha	Leais à organização. Cumpridores de compromissos. Gostam da hierarquia corporativa. A carreira é uma oportunidade.	Leais à equipe. Vivem para o trabalho. Carreira é por mérito próprio. Desejam segurança no trabalho.	Leais ao chefe. Trabalham para viver. A carreira é uma parte dele. Esperam que a empresa faça algo por ele.	Leais aos colegas. Trabalham para contribuir. Carreira é uma oportunidade para agregar valor.
Relação com os colegas	Formais, diante de um conflito a autoridade é determinante.	Relacionamentos pessoais. Evitam conflitos.	Colegas são amigos. Solução de conflitos por meio do diálogo.	Relacionamento casual e social. Gostam de debater e desafiar o outro para obter compromisso.
Estilo de trabalho	Trabalham duro com foco no processo e nas regras estabelecidas.	Quebram as regras. Trabalham em equipe. Foco nas pessoas, e não nos números.	Focados em resultados. Mudam as regras. Trabalham com autonomia.	Foco em soluções mais rápidas, usando tecnologia. Estilo de trabalho fluido.

(continua)

(Quadro 6.2 – conclusão)

Geração (por ano de nascimento)	Veteranos 1922 a 1945	Baby boomers 1945 a 1964	Geração X 1965 a 1979	Geração Y 1980 a 2000
Estilo de gestão	Comandam e controlam. Demandam respeito.	Participativos. Decisão por consenso.	Justos, objetivos, flexíveis, honestos.	Personalistas. Dizem o que pensam.

Fonte: Adaptado de Bichuetti 2011.

A geração Z não foi retratada nesse quadro, pois seus membros ainda não chegaram ao mercado de trabalho.

É importante que os gestores de pessoas atentem para as diferenças entre essas gerações para que seja possível criar mecanismos de interação entre esses profissionais, pois cada geração tem sua influência dentro de uma organização. Os mais velhos possuem uma experiência acumulada que pode ser transmitida aos mais novos, os mais novos, por sua vez, têm características que podem ser somadas à experiência dos mais velhos.

É um grande desafio juntar todos os profissionais de diferentes gerações em prol de um mesmo objetivo. Sem dúvida, uma troca rica é possível – desde que seja corretamente arquitetada. Independentemente das gerações, todos os papéis e perfis são fundamentais para o sucesso das empresas.

Indicações culturais

O filme *Os Estagiários* trata de dois vendedores de relógio que conseguem inscrição para trabalhar no Google. Chegando lá, eles precisam lidar com a diferença de idade entre eles e os competidores.

OS ESTAGIÁRIOS. Direção: Shawn Levy. EUA: 20th Century Fox, 2013. 119 min.

Para obter mais informações sobre como conseguir vantagem competitiva por meio de pessoas, leia a seguinte obra:

PFEFFER, J. **The Human Equation**: Building Profits by Putting People First. Boston: Harvard Business School Press, 1993.

Para saber mais sobre empresas bem-sucedidas e recuperação econômica, leia:

WELCH, J. Jack Welch por Jack Welch. **HSM Management**, v. 41, p. 18-30, nov./dez. 2003.

Bibliografia comentada

A obra *Desenvolvimento gerencial, estratégia e competitividade* apresenta dois temas convergentes na gestão: o desenvolvimento pessoal e o desenvolvimento profissional. Ela utiliza princípios da psicologia e da moderna gestão de pessoas e discorre sobre temas como *estratégia* e *competitividade* – não há como dissociar esses dois assuntos, por isso eles se completam nessa obra. Os autores Maria do Carmo Schmidt e Pedro Monir Rodermel trazem conceitos modernos, contextualizados no ambiente empresarial contemporâneo, com possibilidades de aplicação em empresas de diferentes portes e setores. Esse livro levará o leitor a refletir sobre a gestão de pessoas com foco em resultados estratégicos.

STADLER, A. (Org.). **Desenvolvimento gerencial, estratégia e competitividade**. Curitiba: Ibpex, 2012.

Síntese

Nesta primeira parte da obra, abordamos os processos de gestão de pessoas (GP), começando com um breve relato histórico sobre a evolução da área e uma sucinta descrição de teorias que embasaram as modernas ferramentas e técnicas de gestão. Compreendemos que alguns processos (considerados por alguns gestores como apenas operacionais) se tornam fatores estratégicos para o alcance dos objetivos traçados pelos planejadores, em virtude de sua relevância para o desenvolvimento das funções e tarefas de todos os colaboradores.

Vimos que a remuneração estratégica deve ser usada em favor dos gestores, como forma de induzir o comportamento dos colaboradores em direção ao que deles se espera. Assim, podemos concluir que a motivação nada mais é do que uma forma de induzir os colaboradores a um determinado comportamento. À medida que a organização oferece algo que vem ao encontro das expectativas e necessidades das pessoas, estas passam a agir de maneira mais efetiva – ou seja, passam a produzir mais para alcançar as recompensas. O empresário, dessa forma, ganha de sua equipe um acréscimo na produtividade e no comprometimento.

A competitividade desperta a necessidade de desenvolver pessoas no ambiente organizacional, não somente por meio de treinamentos, mas também pela capacitação e pela formação de profissionais integrados com a organização, cientes de suas responsabilidades e com objetivos pessoais claros, de forma que toda a compatibilidade de esforços gere benefícios para a organização e para todos que a compõem.

Finalizamos esta primeira parte tratando da vantagem competitiva. Nesse ponto, buscamos esclarecer que a vantagem competitiva é a forma que uma empresa encontra de se diferenciar de seus concorrentes. Ter uma vantagem competitiva sustentável, por sua vez, significa conseguir manter os diferenciais por um longo período tempo, pela retenção de recursos valiosos, raros, de difícil imitação e substituição. Entendida dessa forma, a GP pode ser uma fonte inesgotável de vantagem competitiva.

Essas ideias iniciais precisam ser aprofundadas com as ferramentas estratégicas que serão apresentadas a seguir, na segunda parte deste livro, de modo que você, leitor, possa ampliar o foco da GP – contribuindo, assim, para o desenvolvimento das organizações e, por consequência, de toda a sociedade.

Referências

BARNEY, J. Gestão: O futuro da estratégia. **RAE**, maio/jul. 2004. Entrevista. Disponível em: <http://rae.fgv.br/sites/rae.fgv.br/files/artigos/3368.pdf>. Acesso em: 24 jun. 2014.

BICHUETTI, J. L. **Gestão de pessoas não é com o RH**. São Paulo: Larousse, 2011.

BITENCOURT, C. **Gestão contemporânea de pessoas**: novas práticas, conceitos tradicionais. 2. ed. Porto Alegre: Bookman, 2010.

BOHLANDER, G.; SNELL, S.; SHERMAN, A. **Administração de recursos humanos**. Tradução de Maria Lucia G. Leite Rosa. 14. ed. São Paulo: Pioneira Thomson Learning, 2009.

CAMARGO, A. A. B.; MEIRELLES, D. S. Capacidades dinâmicas: o que são e como identificá-las? In: ENCONTRO DA ANAPAD, 36., 2012, Rio de Janeiro. **Anais**... Disponível em: <http://www.anpad.org.br/diversos/trabalhos/EnANPAD/enanpad_2012/ESO/Tema%2001/2012_ESO1018.pdf>. Acesso em: 14 abr. 2014.

CARNEGIE, A. **Pensamentos**. Disponível em: <http://pensador.uol.com.br/autor/andrew_carnegie>. Acesso em: 5 jul. 2013.

CARVALHO, S. G. **O desvendar da cultura organizacional**: uma contribuição para mudanças estratégicas em ambientes competitivos. Tese (Doutorado em Administração) – Universidade Presbiteriana Mackenzie, São Paulo, 2000.

CASTELLS, M. **A sociedade em rede**. São Paulo: Paz e Terra, 1999. (Série A Era da Informação: a Economia, a Sociedade e Cultura).

CHIAVENATO, I. **Introdução à teoria geral da administração**. 8. ed. Rio de Janeiro: Campus Elsevier, 2011.

_____. **Recursos humanos**: o capital humano das organizações. 9. ed. Rio de Janeiro: Elsevier, 2009.

CORRÊA, K. Pesquisa de clima organizacional: modelo de questionário de pesquisa de clima organizacional para pequenas e médias empresas. **Administração e Gestão**, 27 dez. 2009. Disponível em: <http://www.administracaoegestao.com.br/pesquisa-de-clima-organizacional/modelo-de-questionario-de-pesquisa-de-clima-organizacional-para-pequenas-e-medias-empresas>. Acesso em: 4 dez. 2013.

COUTU, D. The Anxiety of Learning. **HBR**, Boston, mar. 2002. Disponível em: <http://hbr.org/2002/03/the-anxiety-of-learning/ar/1>. Acesso em: 2 mar. 2014.

CRUBELLATE, J. M.; PASCUCCI, L.; GRAVE, P. S. Contribuições para uma visão baseada em recursos legítimos. **RAE**, São Paulo, v. 48, n. 4, p. 8-19, out./dez. 2008. Disponível em: <http://rae.fgv.br/sites/rae.fgv.br/files/artigos/10.1590_S0034-75902008000400002.pdf>. Acesso em: 24 jun. 2014.

FREITAS, M. E. **Cultura organizacional**: formação, tipologia e impactos. São Paulo: Makron Books, 1991.

GHEMAWAT, P. Sustainable Advantage. **Harvard Business Review**, Boston, v. 6, n. 5, p. 53-58, Sept./Oct. 1986.

HANASHIRO, D. M. M. Recompensando pessoas. In: HANASHIRO, D. M. M.; TEIXEIRA, M. L. M.; ZACCARELLI, L. M. (Org.). **Gestão do fator humano**: uma visão baseada em stakeholders. 2. ed., rev. e atual. São Paulo: Saraiva, 2008. p. 176-215.

HANASHIRO, D. M. M. TEIXEIRA; M. L. M.; ZACCARELLI, L. M. (Org.). **Gestão do fator humano**: uma visão baseada em stakeholders. 2. ed., rev. e atual. São Paulo: Saraiva, 2008.

KOONTZ, H.; O'DONNELL, C.; WEIHRICH, H. **Administração**: fundamentos da teoria e da ciência. 14. ed. São Paulo: Pioneira, 1986.

LACOMBE, F. **Recursos humanos**: princípios e tendências. 2. ed. São Paulo: Saraiva, 2011.

LUZ, R. S. **Gestão de clima organizacional**. Rio de Janeiro: Qualitymark, 2003.

MALSCHITZKY, N. (Org.). **Pessoas e gestão**: uma parceria sustentável. São Paulo: Actual, 2011.

MARRAS, J. P. **Administração de recursos humanos**: do operacional ao estratégico. 14. ed. São Paulo: Saraiva, 2011.

NICKEL, D. C.; PENKAL, I. A. P.; RAMOS, M. **Desenvolvimento de competências**. Curitiba: Ed. do IFPR, 2013.

PAMPOLINI, C. P. G. **Subsistemas de gestão de pessoas**. Curitiba: Ed. do IFPR, 2013.

PFEFFER, J. **The Human Equation**: Building Profits by Putting People First. Boston: Harvard Business School Press, 1993.

PONTES, B. R. **Administração de cargos e salários**. São Paulo: LTR, 1998.

PORTER, M. E. **Competitive Strategy**. New York: Free Press, 1980.

PRAHALAD, C. K.; HAMEL, G. The Core Competence of the Corporation. **Harvard Business Review**, Boston, v. 68, n. 3, p. 79-91, May/June 1990.

SARSUR, A. M. A. Empresabilidade como uma nova gestão de recursos humanos. In: BITENCOURT, C. (Org.). **Gestão contemporânea de pessoas**: novas práticas, conceitos tradicionais. 2. ed. Porto Alegre: Bookman, 2010.

SCHEIN, E, H. Coming to a New Awareness of Organizational Culture. **Sloan Management Review**, v. 25, n. 2, p. 3-16, Winter 1984.

SEBRAE – Serviço Brasileiro de Apoio às Micro e Pequenas Empresas. Faça uma pesquisa de clima em sua empresa. **Notícias Sebrae**, 17 jan. 2010. Disponível em: <http://www.sebraepr.com.br/PortalInternet/Noticia/ci.Fa%C3%A7a-uma-pesquisa-de-clima-em-suas-empresa.print>. Acesso em: 19 nov. 2013.

STALK JUNIOR, G. Time: the Next Source of Competitive Advantage. **Harvard Business Review**, Boston, v. 66, n. 4, p. 41-51, July/Aug. 1988.

TEECE, D. J. **Dynamic Capabilities & Strategic Management.** Oxford: Oxford University Press, 2009.

VILAS BOAS, A. A.; ANDRADE, R. O. B. **Gestão estratégica de pessoas**. Rio de Janeiro: Elsevier, 2009.

WELCH, J. Jack Welch por Jack Welch. **HSM Management**, v. 41, p. 18-30, nov./dez. 2003;

WELCH, J.; BYRNE, J. A. Jack: **Straight from the Gut**. New York: Warner Books, 2003.

WOOD JUNIOR, T. Mudança organizacional e transformação da função recursos humanos. **Revista da ESPM**, São Paulo, p. 105-118, 1994.

WOOD JUNIOR, T.; PICARELLI FILHO, V. **Remuneração e carreira por habilidades e competências**: preparando a organização para a era das empresas de conhecimento intensivo. 3. ed. São Paulo: Atlas, 2004.

Segunda parte

Ferramentas estratégicas

Cláudia Patrícia Garcia Pampolini

Sobre a autora

Cláudia Patrícia Garcia Pampolini
É graduada em Administração pelas Faculdades Integradas Santa Cruz (Faresc), especialista em Marketing e Educação a Distância pelo Centro Universitário Franciscano – (FAE) e mestre em Organizações e Desenvolvimento por essa mesma instituição. É doutoranda em Administração e Turismo pela Universidade do Vale do Itajaí (Univali). Ministrou disciplinas em instituições de ensino superior, públicas e privadas, nas modalidades de ensino presencial e a distância – entre elas a Pontifícia Universidade Católica do Paraná (PUC-PR), a FAE, a Universidade Tuiuti do Paraná (UTP), a Universidade Positivo (UP), o Instituto Federal do Paraná (IFPR) e o Centro Universitário Uninter. Também coordenou cursos presenciais e a distância. Atualmente, coordena a Agência de Inovação e a Coordenação de Extensão do Centro Universitário Uninter. É autora de diversos materiais didáticos na área de administração e do livro *Subsistemas de Gestão de Pessoas*, para o IFPR. Atua como consultora organizacional em grandes e médias empresas, nas áreas de marketing e gestão de pessoas.

Introdução da segunda parte

Nesta segunda parte da obra, vamos conhecer as principais ferramentas ligadas à gestão estratégica de pessoas, com base na referência de modernos estudos que se desenvolveram nos últimos anos e tendo como fundamento a ideia de que as pessoas são recursos complexos, que precisam de direcionamento para que possam realizar as tarefas e atingir os objetivos almejados pela organização.

Dessa forma, vamos aprofundar nossos conhecimentos acerca da inovação e da criatividade bem como sobre a aplicação destas nas rotinas profissionais. Além disso, vamos compreender como desvendar as formas de condução dos talentos por meio da gestão por competências. De modo bastante particular, vamos entender a gestão do conhecimento (GC) e a inteligência competitiva (IC), procurando mapear os passos para a implantação dessas ferramentas.

É importante salientar que a segunda parte deste livro não trata o indivíduo como ente isolado, mas como membro da equipe – por isso, veremos como a liderança impacta a criação de equipes vitoriosas e de que forma elas podem se transformar em equipes de alta *performance*. Nesse mesmo cenário, analisaremos os conceitos da gestão de conflitos, bem como as formas de realizar o mapeamento e o planejamento destes, buscando uma solução efetiva que atenda às expectativas de todos os envolvidos.

Por fim, abordaremos duas ferramentas bastante conhecidas, mas que demandam conhecimentos prévios de gerenciamento de pessoas para que sejam eficazes: o endomarketing e o BSC (*Balanced Scorecard*). Você irá perceber que seu sucesso depende de quão bem se vende a ideia de que a gestão estratégica trará benefícios tanto para a equipe quanto para a empresa.

Desejamos a você uma ótima leitura!

1

Inovação e criatividade em gestão de pessoas (GP)

Neste capítulo, conheceremos mais sobre inovação e criatividade nas estratégias de gestão de pessoas (GP) e como essa questão pode contribuir para o sucesso das organizações que incentivam e criam condições para que seus colaboradores exercitem seu potencial inovador e criativo.

Primeiramente, vamos entender o contexto econômico e o motivo pelo qual a inovação e a criatividade são tão importantes nas organizações, destacando a importância da atuação da gestão de pessoas GP na busca de soluções para os desafios impostos.

Conforme Silva (2011), os desafios comumente enfrentados pelas organizações na atualidade são:

- estabelecer estratégias adequadas;
- superar as expectativas dos clientes;
- desenvolver novos produtos e serviços;
- encontrar soluções inovadoras;
- quebrar paradigmas;
- mudar comportamentos.

Esse último desafio mostra a importância da atuação do profissional da área de pessoas nas organizações, pois estas precisam cada vez mais, com muita criatividade e inovação, responder rapidamente aos desafios impostos por nossa conhecida aldeia global.

Na década de 1980, o assunto em voga era a qualidade. Já na década de 1990, focava-se nos processos e nas estratégias. Atualmente, a palavra-chave no mundo da gestão é *inovação*. Inovar não é das tarefas mais simples, uma vez que requer investimento financeiro, espaço para troca de ideias, tempo, respeito à diversidade, certa informalidade e muita confiança nas pessoas.

Por isso, hoje é muito importante fazer diferente e não ser apenas mais um, pois a volatilidade dos mercados exige criatividade, de modo que toda empresa deve buscar ser eficaz e diferente no que faz e como faz, integrando o comportamento criativo e inovador à cultura organizacional.

Desse modo, cabe à área de pessoas – além das atividades operacionais que realiza – criar oportunidades para as equipes desenvolverem o seu potencial criativo; além de observar, monitorar e direcionar o colaborador na tarefa que melhor lhe cabe, para o melhor aproveitamento de suas qualidades e potencialidades criativas e inovadoras.

1.1
Afinal, o que são inovação e criatividade?

A inovação não é uma ação única, mas um processo total de subprocessos inter-relacionados. Não é somente a concepção de uma ideia nova nem somente a invenção de algo ou apenas o desenvolvimento de um novo mercado. Inovação consiste em todas essas coisas de forma integrada.

A inovação é a **gestão de todas as atividades envolvidas** no processo de geração de ideias, desenvolvimento de tecnologias, fabricação e *marketing* de um produto novo, de um produto aperfeiçoado ou de um processo de fabricação.

> Inovar também pode ser *renovar*: lançar um novo olhar para o velho, fazer mais com menos recursos, ampliar a capacidade produtiva e econômica de uma empresa.

Os conceitos de *criatividade* e *inovação* são indissociáveis, no entanto, não são sinônimos. Duailibi e Simonsen Junior (2008, p. 27) distinguem ambos ao mencionarem que "a criatividade é a faísca, a inovação é a mistura gasosa. A primeira dura um pequeno instante, a segunda perdura e realiza-se no tempo. É a diferença entre inspiração e transpiração, a descoberta e o trabalho".

Normalmente a **criatividade** é um **processo individual**, que nasce da ideia de alguém, enquanto a inovação é um processo coletivo, que deve ser trabalhado em grupo e conduz coletivamente a uma mudança de percepção. Por isso, costuma-se afirmar que determinada pessoa é criativa ou que determinada empresa é inovadora.

Não existe inovação sem criatividade, pois aquela é a aplicação prática desta, ou seja, uma ideia resultante de um processo criativo só passará a ser considerada uma inovação quando for realmente aplicada, caso contrário, é apenas uma invenção.

Portanto, a inovação tem um caráter de concretização, que gera criação de valor. Podemos entender, assim, que a criatividade é igual ao pensamento de ideias novas e a inovação é igual à implementação bem-sucedida dessas ideias dentro de uma organização – ou seja, a criatividade está para o indivíduo assim como a inovação está para a organização.

1.2

Inovação: razões e entendimentos

Vivemos em uma era de constantes inovações. Novos serviços, tecnologias e produtos são oferecidos a uma frequência assombrosa. Quanto mais se inova, mais campos para posteriores inovações são abertos.

A empresa inovadora exige um clima de aprendizagem constante no negócio como um todo, conforme afirma Drucker (1999). Segundo esse autor, "a ninguém é permitido considerar-se pronto, pois o aprendizado deve ser um processo contínuo para todos na empresa" (Drucker, 1999, p. 33). Esse processo deve ser gerido pela área de GP, por ser uma área estratégica para que o aprendizado se transforme em resultados.

Silva (2011) destaca sete boas razões para uma empresa inovar:

1. **Desenvolver a economia** – Quando novas descobertas são realizadas, há desenvolvimento econômico, pois a inovação transforma o novo conhecimento em novos produtos, processos e serviços que satisfazem às necessidades das pessoas.
2. **Contribuir para a geração de empregos** – A partir da inovação, criam-se novos negócios, produtos e serviços, o que contribui para a criação de novos empregos. Há poucos anos, por exemplo, não existiam celulares, ar-condicionado em carros, *fast-food*, *notebooks* nem *Wi-Fi*. Desde que surgiram essas inovações, muitos negócios e empregos foram gerados.
3. **Obter vantagens competitivas** – As empresas que estão à frente no quesito satisfação de desejos e necessidades de seus clientes inovam e lançam no mercado produtos e serviços que trazem retorno financeiro e vantagens competitivas aos seus negócios.
4. **Aumentar a margem de lucro** – Ideias criativas e inovadoras (quando colocadas em prática, depois de testadas e modeladas às necessidades dos clientes) acabam contribuindo para o aumento da lucratividade de uma organização.
5. **Melhorar os fracos desempenhos** – Questionar os fracos desempenhos, associando-os à promoção de criatividade, contribui para a proposição de melhorias ou novos produtos, processos e serviços.
6. **Aproveitar as oportunidades** – Muitas vezes, aquilo que parece sem utilidade ou desnecessário pode se transformar em um bom exemplo de inovação se você mudar de perspectiva ou questionar-se em busca de oportunidades. Pense nisso!
7. **Obter bons retornos** – Silva (2011, p. 56) afirma que "a inovação por si só quebra o molde, faz diferente, permite fazer o que nunca foi feito antes. E também traz melhores retornos do que o velho e bom jeito de se fazer as coisas no qual estamos habituados".

Drucker (2001) defende até mesmo que um profissional que não sabe gerenciar a criatividade e a inovação é inadequado para a sua função.

> Perceba o quanto é importante a atuação do profissional de GP para a superação dos desafios impostos pela realidade. Afinal, são as pessoas que irão superar, incrementar e propor soluções aos velhos e novos problemas. Se elas forem orientadas, visando ao desenvolvimento e à cooperação, os desafios tendem a ser superados, de modo que o sucesso acontecerá para todos os envolvidos.

1.3

Convicções inadequadas a respeito da inovação

As razões pelas quais as organizações inovadoras ganham esse título costumam ser diferentes do que imaginamos. Segundo Davila, Epstein e Shelton (2007), ao contrário do que muitos acreditam, as convicções inadequadas a respeito da inovação abrangem as seguintes informações:

- A inovação não exige uma revolução interna nas empresas: mas uma bem pensada construção de sólidos processos de gestão e uma organização capaz de transformar desenhos em fatos.
- A inovação não é alquimia, pois dela não se esperam transformações mistificadoras: os fundamentos e o aparelhamento continuam sendo as funções básicas de toda empresa.
- A inovação não diz respeito somente à criatividade e à existência de uma cultura criativa: há empresas que descobrem que é fácil formular boas ou até mesmo ótimas ideias – difícil mesmo é escolher as ideias certas e conseguir implementá-las.
- A inovação não enfoca exclusivamente tecnologias novas: desenvolver novos modelos de negócios e novas estratégias é tão importante quanto obter novas tecnologias – às vezes, mais importante ainda.
- A inovação não é algo de que todas as organizações precisem em grande quantidade: ela deve ser compatível com as

oportunidades e as capacidades da organização. Se há um bom *timing*, o pouco pode levar muito longe.

Essas convicções dificultam ainda mais as práticas inovadoras e criativas nas empresas. Cabe aos profissionais de GP contribuir para romper com esses paradigmas inadequados.

Mas será que a criatividade é possível para todos?

Você sabia que ser criativo é efetivamente possível e que a curiosidade é um fator fundamental para se desenvolver e propor novas soluções?

Se você se empenhar, perceberá que a criatividade pode ser treinada e desenvolvida e que cabe a cada um de nós contribuir para o desenvolvimento de um ambiente criativo nas empresas. À guisa de ilustração, leia a seguir uma pequena estória sobre uma pessoa curiosa e criativa.

Ao voltar de um passeio no bosque com seu cachorro, o engenheiro suíço George Mestral percebeu que tanto suas roupas quanto o pelo do animal estavam cobertos de carrapichos. Ficou intrigado com o poder de aderência dessas plantas e resolveu observá-las no microscópio: o segredo estava em minúsculos ganchos que se agarravam aos fios dos tecidos. Mestral pensou: se conseguisse reproduzir essa estrutura – ganchinhos grudados em lacinhos – criaria um excelente fecho, tão difícil de desgrudar quanto um carrapicho. Ele trabalhou muito nessa ideia – trabalhou quase uma década – e se decepcionou várias vezes. Um dia, ele aliou-se a um tecelão francês e, depois de muitas tentativas e observações, juntos descobriram (em 1955) o velcro.

Fonte: Adaptado de Pearson, 2010.

O que podemos aprender com essa história? Que a criatividade não está associada a um dom especial e que não somente pessoas geniais ou especiais a possuem. A invenção de Mestral revela que, para sermos criativos, precisamos ter:

- curiosidade;
- capacidade de ver as coisas sob ângulos inusitados;
- perseverança;
- autoconfiança;
- humildade de reconhecer os próprios limites e pedir ajuda;
- capacidade de perceber que uma ideia nova pode ser útil.

> Você deve estar se perguntando: Mas, como ser criativo dentro de uma empresa?

Primeiramente, buscando o desenvolvimento das características citadas; posteriormente, treinando e criando um ambiente saudável para todos os colaboradores; e, principalmente, difundindo o paradigma de que a criatividade pode ser aprimorada, ensinada e aprendida.

1.4 O processo criativo: modelo de Wallas

Em 1926, o inglês Graham Wallas elaborou o primeiro modelo do pensamento criativo, que ainda hoje é aplicado nas organizações (Vizioli, 2010). Ele defendia que a criação de uma nova ideia é um processo que possui quatro etapas:

1. **Preparação** – Coleta das informações sobre o problema em questão.
2. **Incubação** – Período de descanso mental em que há o afastamento temporário do problema.
3. **Iluminação** – Momento em que a pessoa tem um *"click"* e chega à solução criativa.
4. **Verificação** – Ajuste e implementação da solução.

Propor esse modelo para o processo criativo poderá contribuir para um aprimoramento das reuniões e, principalmente, ajudar a desmistificar a ideia de que a criatividade e a inovação são características de pessoas geniais ou com dons especiais. Lembre-se: a criatividade é uma mistura de esforço e imaginação.

1.5
As dimensões da criatividade

Você já compreendeu que a criatividade não é uma lâmpada na cabeça, como muitos desenhos animados a representam, mas fruto de muito estudo, reflexão, persistência e interesse.

Podemos perceber, pela nossa experiência, que, no contexto empresarial, as pessoas precisam de um ambiente estimulador e de colaboração para que ideias criativas se frutifiquem.

O pesquisador Mel Rhodes (1961) percebeu as inter-relações entre a cultura das empresas e o comportamento criativo dos colaboradores. Segundo ele, como as pessoas não vivem ou operam isoladas, é preciso considerar o ambiente onde vivem (Rhodes, 1961). Surgiu assim, em 1961, o modelo das quatro dimensões da criatividade, proposto por Rhodes. Esse modelo é composto de **pessoa**, **produto**, **processo** e **pressão do ambiente** – conhecidos como os 4*Ps da criatividade*.

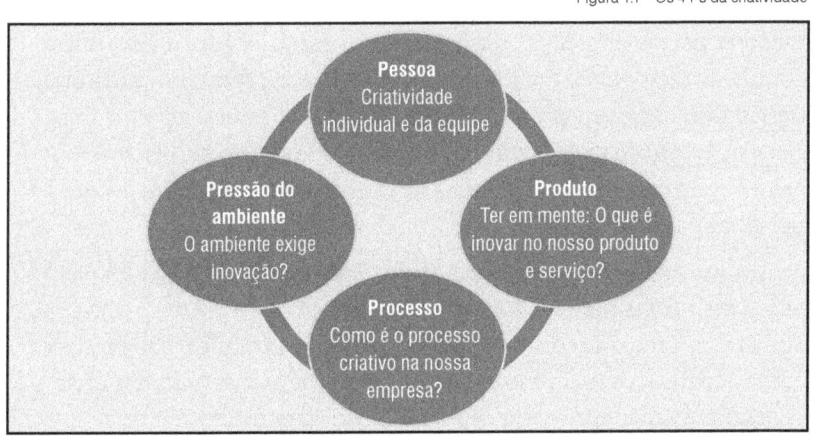

Figura 1.1 – Os 4 Ps da criatividade

Pessoa
Criatividade individual e da equipe

Pressão do ambiente
O ambiente exige inovação?

Produto
Ter em mente: O que é inovar no nosso produto e serviço?

Processo
Como é o processo criativo na nossa empresa?

Fonte: Adaptado de Rhodes, 1961.

Você percebe como os 4Ps da criatividade interagem em um fluxo contínuo e necessário para que haja criatividade na empresa? É fundamental, então, considerar esses elementos em todo e qualquer processo criativo:

- As **pessoas**, com sua contribuição criativa (tanto individualmente quanto no trabalho em equipe).

- A **empresa**, buscando inovar (no P de produto e de processo) como resposta às necessidades de inovação que os produtos, serviços e processos produtivos requerem – além da necessidade de serem criativas em termos de gestão.

- A **pressão do ambiente**, que remete ao desenho que se apresenta em um círculo contínuo de inovação, em busca de soluções criativas pelas pessoas, pelos produtos e pelos processos.

1.6

Aproveitamento das diferentes formas de criatividade: a teoria KAI

Outra maneira de entendermos o processo criativo é analisando-o sob uma perspectiva psicológica. Você sabia que encontramos estilos cognitivos distintos em pessoas diferentes? Entendemos por *estilos cognitivos* as diferenças individuais nas propriedades da estrutura cognitiva (de conhecimento), que variam de acordo com a história de vida de cada um e vão determinar a maneira pela qual as experiências e informações serão organizadas. Desse modo, orientam as soluções de problemas e tomadas de decisões em consonância com a personalidade de cada um.

Estilos cognitivos são estáveis ao longo do tempo. Por exemplo: pessoas pessimistas tendem a encarar as situações da vida de forma pessimista, mesmo que coisas boas aconteçam. No entanto, não existem estilos cognitivos melhores do que outros: todos são válidos e úteis – o desafio é saber aproveitar o potencial de cada um.

Vale enfatizar que os estilos cognitivos atravessam todas as esferas da vida: apresentamos o mesmo estilo no trabalho, em casa e em todos os lugares aonde vamos. Os estilos não são puros, visto que o estilo de cada pessoa forma-se por um conjunto de características e situações que influenciam diretamente o perfil de cada um.

E como aproveitar cada estilo? A seguir, vamos ver uma teoria que ajudará na compreensão de cada estilo: a teoria KAI.

Entre as teorias sobre os estilos cognitivos, uma possui grande influência sobre os estudos de criatividade: é a teoria de Michael Kirton, denominada *teoria da adaptação-inovação*, ou *Kirton Adaptation Innovation Theory* (KAI), a qual analisa nos indivíduos seus padrões de criatividade e perfis na tomada de decisões e na resolução de problemas, classificando-os em *adaptadores* ou *inovadores*.

Os adaptadores preferem resolver problemas sem mexer na estrutura das coisas ou romper com paradigmas, além de terem dificuldades em perceber oportunidades fora de suas crenças pessoais.

Os inovadores, por sua vez, resolvem os problemas revolucionando paradigmas. Contudo, enfrentam dificuldades na hora de conseguir a adesão das pessoas às suas ideias radicais. Observe, no Quadro 1.1, as principais características desses estilos.

Quadro 1.1 – Características de adaptadores e inovadores (KAI)

Adaptadores	Inovadores
■ Gostam de estabilidade, previsibilidade e eficiência.	■ São vistos como pouco práticos e entram em choque com seus opositores.
■ São sensatos, bem ajustados e confiáveis.	■ Perseguem objetivos com pouca atenção aos meios tradicionais.
■ Tendem a transformar meios em objetivos.	■ Delegam tarefas rotineiras.
■ São líderes dentro de estruturas predefinidas.	■ Em situações não estruturadas, assumem o controle.

Fonte: Adaptado de Criatividade..., 2013.

É importante destacar que, ao trabalhar com esses estilos, você deve atentar às características que lhes são implícitas, como aponta o Quadro 1.2.

Quadro 1.2 – Trabalhando com adaptadores e inovadores

Ao trabalhar com eles, perceba:	
Adaptadores	**Inovadores**
■ São fontes de estabilidade, ordem e continuidade.	■ Estabelecem orientação para tarefas, rompendo com as teorias do passado.
■ Mantêm a coesão e a cooperação da equipe e são sensíveis a questões interpessoais.	■ Muitas vezes, ameaçam a coesão e a cooperação da equipe – são insensíveis a questões interpessoais.
■ Fornecem uma base segura para operações mais arriscadas.	■ Fornecem a dinâmica para que mudanças radicais e periódicas sejam desencadeadas.

Fonte: Adaptado de Criatividade..., 2013.

Essa teoria nos ajuda a diferenciar os dois estilos de pessoas: apesar das diferenças, podemos observar que ambos os estilos são criativos – o adaptador exerce a criatividade dentro do sistema, enquanto o inovador rompe com ele.

Puccio (1999) afirma que "os dois estilos de criatividade são importantes e necessários ao desenvolvimento e crescimento da sociedade. Por exemplo, a criatividade inovadora nos deu o primeiro avião, e a adaptadora nos permitiu sobrevoar o Oceano Atlântico em menos de 4 horas".

1.7

O ambiente criativo nas empresas

É importante saber que certas condições, dentro de uma empresa, desafiam as equipes à criatividade. Podemos refletir sobre essa questão fundamentados no modelo das nove dimensões do ambiente organizacional, que contribuem ou não para a criatividade, estabelecido por Ekvall-Isaksen (Lauer, Isaksen, 1998). Vamos conhecê-las?

1. **Desafio** – Em que medida os funcionários se sentem desafiados, motivados e emocionalmente compromissados com o trabalho?
2. **Liberdade** – Qual o grau de liberdade dos funcionários para decidirem como fazer o seu trabalho?

3. **Tempo para pensar** – As pessoas têm tempo para pensar antes de agir?
4. **Apoio às ideias** – Há recursos suficientes para que ideias novas saiam do papel?
5. **Confiança e abertura** – As pessoas se sentem seguras para dizer o que pensam e expressar pontos de vistas diferentes?
6. **Descontração e bom humor** – Em que medida o local de trabalho é descontraído?
7. **Conflitos** – Em que medida as pessoas se envolvem em conflitos interpessoais e disputas?
8. **Debates** – Em que medida ocorrem debates sobre os problemas?
9. **Disposição para assumir riscos** – É permitido errar?

Cada dimensão deve ser avaliada e analisada criteriosamente segundo as necessidades de cada lugar, pois são aspectos que podem contribuir sobremaneira no surgimento de novas ideias e nos processos criativos e inovadores ou, ao contrário, atrapalhá-los.

Para descobrir como anda o ambiente criativo de sua empresa, você pode recorrer ao *Keys*, método de avaliação criado por Teresa Amabile[1], da Universidade de Harvard (EUA), a partir do qual as práticas gerenciais são diferenciadas segundo suas características – se estimulam ou inibem a criatividade (The progress principle, 2014).

No Quadro 1.3, você pode verificar alguns exemplos de como isso acontece na prática.

---

1 Teresa Amabile é autora de vários artigos científicos e também criadora do "Keys to Creativy and Innovation".

Quadro 1.3 – Exemplos de práticas que estimulam e práticas que inibem a criatividade

Práticas que estimulam a criatividade	Práticas que inibem a criatividade
Incentivos por parte da organização	**Impedimentos organizacionais**
■ As ideias são avaliadas de maneira justa e produtiva. ■ Os esforços criativos são reconhecidos e recompensados.	■ A política interna apresenta problemas. ■ Novas ideias são duramente criticadas. ■ Existe uma competição interna destrutiva. ■ Evita-se o risco. ■ O *status quo* é excessivamente enfatizado.
Incentivos por parte do líder	**Pressão da carga de trabalho**
■ O líder dá um bom exemplo de trabalho. ■ Estabelece metas adequadas. ■ Apoia o trabalho em equipe. ■ Valoriza as contribuições individuais. ■ Demonstra confiança na equipe.	■ Os prazos são curtos demais. ■ As expectativas de produtividade são irreais. ■ As pessoas não conseguem se concentrar no trabalho criativo.
Apoio ao trabalho em equipe	**Recursos**
■ Os membros da equipe possuem diferentes habilidades. ■ Comunicam-se bem. ■ Estão abertos às novas ideias. ■ Desafiam construtivamente o trabalho alheio. ■ Confiam uns nos outros e se auxiliam. ■ Sentem-se comprometidos com o trabalho.	■ Existe acesso a recursos suficientes e apropriados, tais como verbas, matérias-primas, infraestrutura e informação.

Fonte: The progress principle, 2014.

Com base nesse estudo, você pode ter uma ideia de quais práticas devem ser observadas e estimuladas. É importante, também, monitorar constantemente tanto os atos considerados inibidores como os potencializadores do processo criativo, para que se mantenha um ambiente criativo por um longo período de tempo, apesar das operações rotineiras.

Sabemos que as operações de rotina demandam estabilidade. Afinal, vários processos dependem de constante manejo para que funcionem adequadamente. Por outro lado, o desenvolvimento de novos produtos, serviços e negócios demanda criatividade e espaço para que se materialize a inovação, além de um ambiente de certa forma livre e flexível.

Assim, temos um dilema pela frente: Separar a porção criativa da rotina operacional é a solução? Ou deveríamos depender da "serendipidade"?

Serendipidade, ou *serendipismo*, é um termo que se refere a certas descobertas afortunadas, feitas aparentemente por acaso. A história da ciência está repleta de casos que podem ser classificados como *serendipismo*. Ele pode ser considerado tanto uma forma especial de criatividade quanto o resultado, em pessoas adultas, da aplicação de inúmeras técnicas de desenvolvimento do potencial criativo – caminho que demanda preparo, perseverança, inteligência e senso de observação.

Descobertas inesperadas dependem de tantas qualidades ou são produto da sorte?

A resposta a essa pergunta é importante – afinal, quem não gostaria de ter ideias inovadoras e criativas antes do que qualquer um, a fim de conquistar a admiração das pessoas?

Mas, como o acaso acontece raramente, o foco em GP (treinamento, desenvolvimento, reconhecimento e entendimento) é imprescindível para tornar os ambientes empresariais inovadores e criativos.

Mas como criar uma estrutura calcada na criatividade?

Observe a Figura 1.2, que elenca as etapas necessárias para a criação de uma estrutura de inovação e criatividade dentro de uma empresa.

Figura 1.2 – Criação de uma estrutura de criatividade

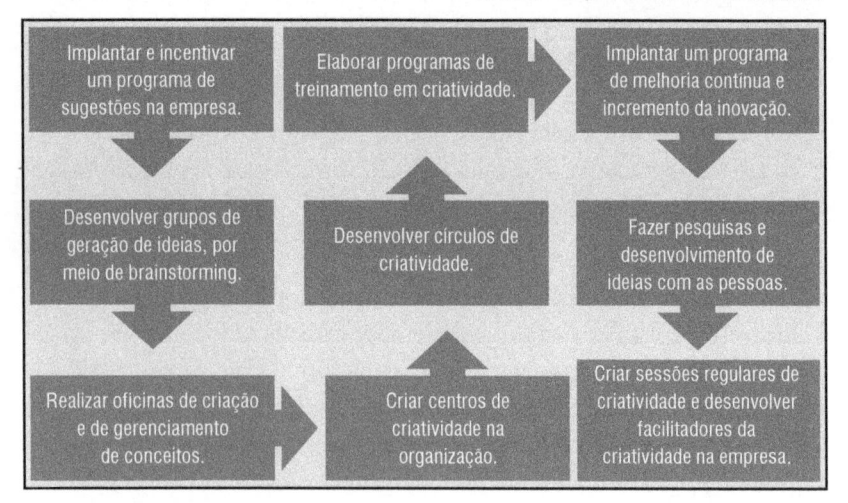

Implantar e incentivar um programa de sugestões na empresa.	Elaborar programas de treinamento em criatividade.	Implantar um programa de melhoria contínua e incremento da inovação.
Desenvolver grupos de geração de ideias, por meio de brainstorming.	Desenvolver círculos de criatividade.	Fazer pesquisas e desenvolvimento de ideias com as pessoas.
Realizar oficinas de criação e de gerenciamento de conceitos.	Criar centros de criatividade na organização.	Criar sessões regulares de criatividade e desenvolver facilitadores da criatividade na empresa.

Fonte: Adaptado de Chiavenato, 2008.

Todas essas etapas devem ser adaptadas à realidade da sua empresa, constituindo um guia seguro de como estabelecer uma rotina que priorize ideias e processos criativos.

A criação de círculos e centros de criatividade determina a importância que cada empresa dá ao processo de inovação e às ideias dos seus colaboradores. Nesse sentido, consideramos fundamental que as organizações elaborem mecanismos de criatividade e inovação constantes, de modo que os colaboradores possam enfrentar os desafios diários mais preparados, aproveitando as ideias e experiências geradas dentro do próprio contexto empresarial para a solução de problemas, em um processo fluido de melhoria contínua.

Indicações culturais

As indicações a seguir servem, sob vários aspectos, para repensar e/ou aprofundar os temas discorridos neste capítulo.

A REDE social. Direção: David Fincher. EUA: Columbia Pictures, 2010. 121 min.

ARGO. Direção: Ben Affleck. EUA: GK Films, 2012. 120 min.

CHIRSTENSEN, C.; DYER; J.; GREGERSEN, H. **DNA do Inovador**: dominando as 5 habilidades dos inovadores de ruptura. São Paulo: HSM, 2012.

OSTERWALDER, A.; PIGNEUR; Y. **Business Model Generation**: inovação em modelos de negócios. Rio de Janeiro: Alta Books, 2011.

LAUER, K.; ISAKSEN, S. **The Relationship Between Cognitive Style and Individual Psychological Climate**: Reflections on a Previous Study. Buffalo, 1998. 20 f. Relatório Preliminar de Pesquisa. Creative Problem Solving Group. Disponível em: <http://www.cpsb.com/resources/downloads/public/306-Style_Climate.pdf>. Acesso em: 4 mar. 2014.

THE PROGRESS PRINCIPLE. **About Teresa Amabile**. Disponível em: <http://progressprinciple.com/bio/teresa-amabile>. Acesso em: 14 jul. 2014.

2

Gestão por competências e talentos

Este capítulo apresenta uma estrutura de gestão de pessoas GP avançada, que visa lidar da forma mais eficiente possível com as constantes mudanças que perpassam todas as organizações. O tema da gestão por competências e talentos é uma evolução natural da administração de recursos humanos (ARH), pois permite identificar, mapear e disseminar os diversos tipos de competências e talentos dos colaboradores de uma organização – trazendo, por consequência, benefícios ao negócio.

> Tornar realidade os planos empresariais e a implementação de estratégias por meio de pessoas é das tarefas mais complexas. A maioria das empresas sabe que esta é uma das partes mais desafiadoras de sua rotina, afinal, é mais fácil cortar custos, acrescentar tecnologia, incrementar a linha de produção, fechar unidades e administrar outros recursos do que fazer com que as pessoas façam o que precisa ser feito. Hoje em dia, o capital humano é o principal elemento que proporciona vantagem competitiva e que jamais será copiado pela concorrência.

O modelo de gestão denominado *gestão por competências* é uma prática estratégica com vistas à melhora da *performance* global de uma empresa por meio do incentivo e do incremento da competência e do desempenho individual das pessoas.

Apesar da quantidade de material publicado sobre gestão por competências, uma boa parte das empresas ainda não utiliza esse modelo de modo sistemático; ou, se o utilizam, não aproveitam todo o seu potencial.

A gestão estratégica é constantemente influenciada pela gestão por competências, pois esta constitui um avanço dos estudos das conhecidas avaliações de desempenho e dos programas de treinamento e desenvolvimento (Tonelli; Lacombe; Caldas, 2002).

2.1
As competências e suas dimensões[1]

Ampliando-se o entendimento do conceito, *competência* pode ser redefinida, segundo Fleury e Fleury (2004), como o saber agir responsável e reconhecido, que implica mobilizar, integrar e transferir conhecimentos. Além disso, ser competente significa mobilizar recursos e habilidades que agreguem valor econômico à organização e valor social ao indivíduo (Vilas Boas; Andrade, 2009).

Para McClelland (1973), Boyatzis (1982) e Spencer Junior e Spencer (1993) – importantes autores norte-americanos que desenvolveram estudos sobre competências nos anos de 1970 a 1990 –, a ideia de competência envolve um conjunto de qualificações, as chamadas *underlying characteristics*, que permitem a uma pessoa ou empresa uma *performance* superior em um trabalho ou situação.

Para esses estudiosos, as competências podem ser previstas e estruturadas para estabelecer um conjunto ideal de qualificações a fim de que a pessoa desenvolva uma *performance* superior nas suas atividades, o que sugere que o estudo das competências contribui para a avaliação de desempenho.

Por meio das categorias e dimensões estudadas por Dutra (2002), a ideia de competência passou a ser entendida, nas organizações, como multidimensional. Seu conteúdo pode ser examinado da seguinte forma:

- **Dimensão da estruturação** – Reflete os meios utilizados para atingir o foco e os objetivos pretendidos; possui o papel de apoiar a estruturação e a realização das ações estratégicas de uma organização.
- **Dimensão da orientação** – Como o nome diz, o foco é orientar as pessoas para a ação.

---

[1] Trechos das seções 2.1 e 2.2 foram extraídos e adaptados de Pampolini (2013).

- **Dimensão da interação** – Representa os relacionamentos necessários para que o profissional viabilize as suas ações.

Essas dimensões não se encerram por si sós. Existem ainda outras competências, como: gerenciais, de desenvolvimento, de gestão, técnicas, sociais e de aprendizagem.

No Brasil, grande parte das empresas que têm obtido bons resultados na área de GP se vale do modelo de gestão por competências, devido ao aspecto interativo que ele traz para o bom cumprimento das estratégias organizacionais (Dutra, 2004).

A busca pelo aprimoramento desse modelo de gestão ocorre por meio da **integração e do adequado gerenciamento**, que permitem a **identificação e a disseminação de diversos tipos de competências** entre as forças de trabalho da organização, trazendo benefícios diversos – entre eles, **a efetividade nos resultados de um negócio**.

Entendemos por *efetividade* aquilo que produz efeito (Efetivo, 2013). A efetividade diz respeito, ainda, à capacidade de promover resultados pretendidos, verificados pela avaliação dos resultados das ações implantadas e pelos dos reais benefícios que elas trazem.

Efetividade nos resultados é o que buscam as organizações que querem permanecer no mercado, atuantes e saudáveis, com pessoas comprometidas e que propiciam retorno aos investimentos.

2.2

O modelo e seu lugar estratégico

O modelo de gestão por competências tem ocupado um lugar estratégico nas empresas, com o objetivo de fornecer uma vantagem competitiva para a empresa que o utiliza.

A área de GP segue buscando modelos de gestão que sejam capazes de aperfeiçoar as competências essenciais (*core competencies*) de uma organização, além de tentar gerir o capital intelectual de seus trabalhadores para a efetividade e o sucesso de seu negócio.

Dutra (2004) defende que as organizações e as pessoas trocam experiências continuamente:

> as organizações desenvolvem as pessoas, não apenas para a empresa, mas para a sociedade, enquanto as pessoas desenvolvem suas capacidades, transferindo para a organização seu aprendizado. São as pessoas que, ao colocarem em prática seu patrimônio de conhecimentos da organização, concretizam as competências organizacionais e fazem sua adequação ao contexto. (Dutra, 2004, p. 24)

Se bem conduzido, um modelo de gestão por competências passa a ser um recurso estratégico, uma vez que facilita o gerenciamento dos negócios por ser um **conjunto de políticas, atitudes, práticas e ações** empregadas com o **objetivo de interferir no comportamento humano e focá-lo na melhoria dos resultados operacionais** de uma organização.

A área de GP deve estar preparada para identificar as estratégias competitivas adotadas por uma organização e, a partir disso, direcionar e definir os processos e competências que mais agregam valor a ela, sempre em busca da efetividade nos resultados. Identificar as estratégias, os objetivos e as competências principais (*core competencies*) de uma empresa é um processo fundamental para alcançar o sucesso.

Fleury e Fleury (2004, p. 58-66) classificam as *core competencies*, de acordo com a sua aplicabilidade, em três categorias, a saber:

1. estratégias para empresas que buscam excelência operacional;
2. estratégias para empresas que possuem produtos inovadores;
3. estratégias para empresas orientadas para o cliente.

Quando se entra na seara das competências individuais, faz-se necessário desvinculá-las das competências organizacionais, buscando conhecimentos, habilidades e atitudes que orientam as equipes de trabalho para o alcance eficaz dos objetivos e das estratégias organizacionais, por meio das suas atribuições individuais e em grupo.

Os autores ainda descrevem, como já mencionamos no início do item 2.1, que as competências individuais são "um saber agir responsável e reconhecido que implica mobilizar, integrar, transferir conhecimentos e recursos, habilidades e atitudes que agreguem valor econômico à organização e valor social ao indivíduo" (Fleury; Fleury, 2004, p. 34).

Para entendermos melhor a gestão por competências, podemos organizá-la em alguns subsistemas, que estão em constante inter-relação, conforme mostra a Figura 2.1.

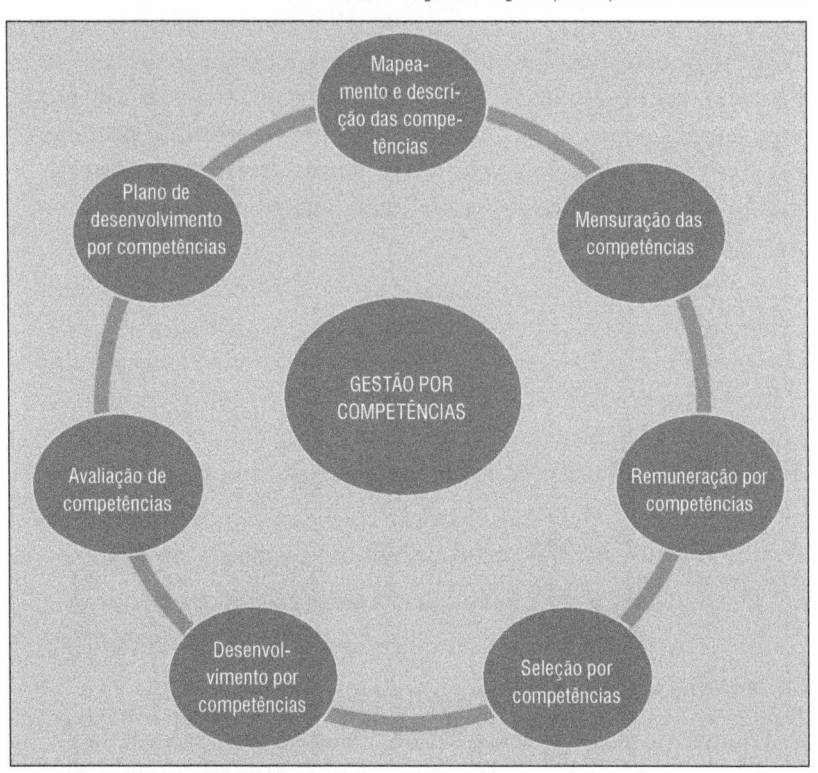

Figura 2.1 – A gestão por competências e seus subsistemas

- Mapeamento e descrição das competências
- Mensuração das competências
- Remuneração por competências
- Seleção por competências
- Desenvolvimento por competências
- Avaliação de competências
- Plano de desenvolvimento por competências
- GESTÃO POR COMPETÊNCIAS

Todos os subsistemas têm dupla importância: isoladamente e na interação com os demais. Com o intuito de aprimorar o modelo de gestão, cabe ao gestor de pessoas de perfil estratégico adotar ações e medidas que mantenham os subsistemas ao mesmo tempo controlados e entrelaçados.

2.3

Aplicações e benefícios da gestão por competências

Acredita-se que o desempenho de uma empresa esteja diretamente ligado ao desempenho dos seus colaboradores e, por isso, a prática do modelo de gestão de competências em uma organização deve integrar ações visando a resultados.

A gestão por competências é um modo avançado de administrar pessoas, pois sua base de sustentação está nos conhecimentos requeridos pela organização para que seus objetivos de negócios sejam alcançados e na forma como esses conhecimentos são disseminados entre os profissionais da organização.

Esse modelo de gestão preocupa-se com o desdobramento das estratégias em conhecimentos, habilidades e comportamentos requeridos para todos os profissionais, auxiliando-os no alcance dos objetivos da organização (Durand, 2006), buscando a integração dos diferentes tipos de competências no desenho dos perfis profissionais e definindo novos padrões para recrutamento, seleção, avaliação e desenvolvimento, bem como para o reconhecimento das pessoas. Nesse ponto, verificamos os principais benefícios da aplicação do modelo.

Outro benefício é que as competências, tanto de âmbito individual quanto organizacional, podem contribuir para tomadas de decisões, formulação de estratégias eficazes, liderança de mercado, planejamento estratégico, definição de indicadores de desempenho e significativa melhora nos resultados operacionais das organizações.

Nesse sentido, a interação/integração das competências organizacionais e individuais é fundamental para a concretização positiva dos resultados.

É importante ressaltar que alguns autores europeus, nas décadas de 1980 e 1990, acreditavam que o fato de as pessoas possuírem boas qualificações não determinava necessariamente que elas corresponderiam ao que lhes era solicitado ou determinado. Para esses autores, a competência existia de fato somente quando havia, em um determinado contexto, a chamada *competência em ação*, a partir do que refletiram sobre a questão do saber ser e do saber mobilizar conhecimentos em variadas situações.

Dutra, Hipólito e Silva (1998) defendem que a competência é o resultado do somatório entre qualificações e entrega ao trabalho diário. O fato de a pessoa ter um conjunto de conhecimentos, habilidades e atitudes (*inputs*) não fornece garantias de que a organização será beneficiada. Os autores acreditam que o indivíduo deverá ter a capacidade de entregar seu trabalho à empresa de forma consistente (*output*) – para, a partir de então, avaliá-lo, orientá-lo, desenvolvê-lo e estabelecer as recompensas devidas (Dutra; HIpólito; Silva, 1998).

Assim, os *inputs* (conhecimentos, habilidades e atitudes) proporcionam *outputs* por meio de contribuições individuais e em equipe, agregando valor ao negócio.

Hoje, há uma relação muito próxima entre as competências organizacionais e as individuais, de forma que o estabelecimento das competências individuais deve estar vinculado à reflexão sobre as organizacionais (Fleury; Fleury, 2004).

É inegável, também, que o processo de aprendizado organizacional está vinculado ao desenvolvimento das pessoas, pois uma esfera mantém relações de trabalho constantes com a outra no que diz respeito a todos os recursos disponíveis – além dos recursos tangíveis, além de experiência, conhecimento, habilidades, procedimentos, valores, cultura e rede de relacionamentos. Desse modo, as competências individuais devem estar atreladas às competências essenciais da organização, pois isso gera ganhos tanto para o indivíduo quanto para a organização.

Segundo Fleury e Fleury (2004), existe uma íntima relação entre o intento estratégico da organização e o somatório das competências organizacionais e individuais. Esse quadro estabelece a excelência operacional como principal motor da competitividade, além, é claro, da inovação de produtos e da constante orientação para os clientes – definindo-se, para alcançar tais objetivos, tanto estratégias organizacionais quanto individuais.

Se o somatório das competências individuais é um dos principais pilares de uma organização de alta *performance*, sua gestão constitui o elemento agregador e mediador das estratégias organizacionais.

Veja, na sequência, os principais objetivos e ganhos promovidos pela adoção e pela aplicação da gestão por competências, determinados por Carbone et al. (2005):

- Entender, organizar e disseminar os conhecimentos ligados ao negócio e às estratégias da empresa, buscando construir uma organização de alta *performance*.

- Garantir que a disseminação dos conhecimentos em meio ao quadro de funcionários promova a evolução profissional destes, trazendo à empresa benefícios como flexibilidade, agilidade, inovação e velocidade, além de dar respostas para que a organização possa atuar com sucesso em ambientes competitivos.

- Monitorar a efetividade da disseminação do conhecimento, para que as organizações alcancem o ponto ótimo da seguinte relação: formação de capital humano *versus* valor agregado + objetivo alcançado.

- Ser um instrumento de comunicação das mensagens-chave, para que se proliferem atitudes, conhecimentos e habilidades valorizados em cada empregado.

- Formar uma base de dados confiáveis de cada empregado (resultado das avaliações) e torná-la disponível para a organização.

- Servir como valiosa fonte de informação para as necessidades de treinamento e de desenvolvimento, plano de sucessão, movimentação de carreira, seleção interna e externa e remuneração.

- Fazer com que o líder se comprometa na gestão efetiva e no desenvolvimento de sua equipe.

- Transparência e comunicação em relação aos critérios para desenvolvimento profissional.

- Incentivo e uma maior integração entre as diversas áreas e setores, contribuindo para a quebra dos "feudos" organizacionais.

Lembre-se de que a gestão por competências intenciona integrar todos os sistemas da área de GP (remuneração estratégica, recrutamento e seleção, treinamento e desenvolvimento, avaliação de desempenho etc.), além de viabilizar a convergência das ações de recursos humanos (RH).

2.4
A gestão por competências e os talentos: uma agenda de capital humano

Quando falamos sobre as competências dos colaboradores, é preciso também mencionar a gestão de talentos, identificando os pontos de excelência e os pontos a serem melhorados em cada quesito.

As competências sempre envolverão comportamentos mensuráveis pertinentes ao trabalho de cada pessoa, por meio do CHA:

- **Conhecimentos** – É o saber da pessoa por meio de seu conhecimento técnico e teórico.
- **Habilidades** – É a dimensão prática do saber, o "colocar a mão na massa".
- **Atitudes** – É o "querer fazer", o agir em conjunto com seus pares e chefias. São as atitudes de cada um, a vontade e a disposição para fazer as coisas acontecerem. A atitude está vinculada à personalidade de cada pessoa.

Mas, afinal, como uma pessoa pode ser caracterizada como *talento*?

Um talento, de forma sucinta, é aquele que mostra habilidades e capacidades naturais para realizar as atividades diárias. Talentos são desejáveis por todas as empresas, porque desempenham suas atividades com maestria, além de agregar valor ao negócio.

O talento pertence ao capital humano de uma organização. É um ativo precioso, que deve ser constantemente desenvolvido, pois nele repousa a diferença entre uma organização e outra.

Para muitos autores, os talentos devem ter oportunidade de ascender rapidamente em suas carreiras, obtendo uma remuneração sempre melhor. No entanto, devemos observar que, o conceito de *talento* muda de organização para organização, pois o que é valorizado por uma pode não ser por outra. Por isso, a área de GP deve estar alinhada à estratégia da organização, a fim de saber identificar esse profissional e fornecer as ferramentas necessárias para o seu desenvolvimento.

Quando nos referimos a *talentos*, cabe diferenciar o conceito sob as óticas da ARH e da gestão de talentos.

Na primeira ótica, a contratação, o desenvolvimento e a manutenção dos colaboradores têm o intuito de atender a determinadas etapas de um processo produtivo ou de uma área específica da organização. Se uma empresa perde alguns colaboradores, reinicia seu processo de contratação para as vagas abertas, o que acaba reforçando a ideia de pessoas como recursos, em relação aos quais a empresa mantém um fluxo intermitente de busca, desenvolvimento e perda.

Sob a ótica de gestão de talentos, o conceito de ter capital humano na organização parte da premissa de que deve haver um alinhamento estratégico inteligente na área de pessoas quando da contratação, manutenção e fidelização do talento, ou seja, espera-se a correta identificação de perfis adequados para o alcance dos resultados estratégicos, partindo de uma lógica única, na qual os sistemas e as diretrizes da área têm por base a formação de pessoas para atender às demandas da empresa e gerar valor tanto para o negócio quanto para si mesmas.

Esses profissionais/talentos são preparados para entender os objetivos do negócio; sendo assim, eles devem ser mantidos, na medida do possível, para que possam aplicar seu conhecimento na operação, a fim de alavancar cada vez mais o sucesso da empresa.

A agenda do capital humano deve ter por objetivo transformar a empresa em uma organização de alta *performance*. Para isso, devem-se identificar e desenvolver as competências essenciais nos recursos disponíveis. Nesse sentido, a dinâmica de identificação e da disseminação das competências entre os talentos, a partir das necessidades organizacionais, cria um círculo virtuoso e desejado, que culminará na gestão e na retenção de talentos.

Observe, na Figura 2.2, a determinação dos atores dessa agenda de capital humano.

Figura 2.2 – Os atores do capital humano

Organização de alta performance	Desenvolvimento de competências	Retenção de talentos
■ Equilíbrio entre resultados e inovação ■ Eficiência e eficácia na operação ■ Pouca hierarquia/trabalho em equipe ■ Flexibilidade e agilidade ■ É voltada para o cliente ■ Possui ampla comunicação	■ Orientação para resultados ■ Inovação em produtos e processos ■ Trabalho em equipe ■ Foco no cliente ■ Visão sistêmica ■ Desenvolvimento de pessoas	■ Pessoas engajadas e comprometidas ■ Melhora do valor agregado

Fonte: Adaptado de Friedman; Hatch; Walker, 2000.

Organização de alta *performance*, desenvolvimento de competências e retenção de talentos: esses três fatores contribuem para uma gestão de talentos pautada nos interesses tanto da organização quanto dos colaboradores, pois enfoca o desenvolvimento de competências dos talentos e sua possível retenção.

Você percebeu que a forma como as empresas gerenciam seus talentos é importante? As organizações que conseguirem reinventar sua forma de **atrair, gerir, estimular, remunerar, capacitar, avaliar e premiar seus funcionários** estarão fazendo o que é denominado de *gestão de talentos*, pois gerir talentos é diferente de gerenciar recursos humanos. As pessoas não são recursos colocados à disposição da empresa e, sendo assim, devem ser pensadas como talentos que diferenciam positivamente a empresa em seu mercado. Sempre é bom sublinhar: os talentos de uma organização são a sua vantagem competitiva.

O talento é um elemento de alto valor estratégico e, como tal, deve ser agregado, atualizado e protegido. Não há espaço para a convivência entre a ARH tradicional e a gestão de talentos – numa empresa centrada em talentos, só há espaço para eles (Teixeira Filho, 2013).

Para empresas que estiverem trabalhando sua visão estratégica, em busca de um salto transformacional, visando alavancar a vantagem competitiva, a gestão de talentos é uma questão crucial. Para obtê-la, no entanto, é preciso integrar as ações de uma gestão por competências.

Indicações culturais

As indicações a seguir servem, sob vários aspectos, para repensar e/ou aprofundar os temas desenvolvidos neste capítulo.

A FUGA das galinhas. Direção: Peter Lord e Nick Park. EUA: Aardman Animations, 2000. 84 min.

DUTRA, J. S. **Gestão por competências**. 2. ed. São Paulo: Gente, 2001.

GRAMIGNA, M. R. **Modelo de competências e gestão dos talentos**. 2 ed. São Paulo: Pearson Prentice Hall, 2007.

3

Gestão do conhecimento (GC) e inteligência competitiva (IC)

Neste capítulo, você conhecerá os principais conceitos ligados à gestão do conhecimento (GC) e à inteligência competitiva (IC), bem como sua pertinência para uma gestão de pessoas (GP) preocupada em gerenciar seu capital intelectual da melhor maneira possível.

Os profissionais de recursos humanos (RH) têm alguns desafios pela frente – que foram descritos no decorrer deste livro. Além de competências técnicas, eles devem ter competências comportamentais e, ainda, saber gerenciar o capital intelectual de seus colaboradores por meio da GC.

Thomas Stewart (1997) determinou, em seu livro *Intellectual Capital*, que o novo trabalhador do conhecimento inverteu a lógica do capitalismo – antes baseado apenas no capital financeiro –, em que bastava um empresário com uma ideia e algum capital financeiro para abrir um negócio que normalmente teria ativos fixos, como máquinas, equipamentos, escritórios, fábricas, operários etc.

Mas, o que mudou?

O capitalismo de hoje, de perfil intelectual, é diferente. O valor de uma organização não depende mais do seu tamanho. Quer um exemplo? A maioria das empresas exige investimento intensivo em conhecimento, o qual certamente não é detido apenas pelos acionistas ou proprietários – a exemplo das empresas do Vale do Silício, nas quais cada colaborador tem papel e atuação fundamentais, a partir de seu repertório intelectual – propenso a pensar e reinventar empresas que, muitas vezes, sequer têm fábricas, equipamentos e operários no padrão que conhecíamos até bem pouco tempo atrás.

Esses trabalhadores detêm hoje o bem mais precioso para uma organização: o conhecimento. As máquinas trabalham muito melhor do que qualquer ser humano trabalharia, mas não criam nem inventam. Por isso, estamos na era do **trabalhador do conhecimento** (Chiavenato, 2009).

Tendo esse contexto em vista, fica mais fácil entender qual é o novo papel da área de GP, que passou a ganhar novos significados e funções.

Quadro 3.1 – Papéis e funções da gestão de pessoas

De	Para
■ Rotina operacional e burocrática	■ Rotina estratégica
■ Policiamento e controle	■ Parceria e compromisso
■ Curto prazo e imediatismo	■ Longo prazo
■ Administrativo	■ Consultivo
■ Foco na função	■ Foco no negócio
■ Foco interno e introvertido	■ Foco externo e no cliente
■ Reativo e solucionador de problemas	■ Proativo e preventivo
■ Foco na atividade e nos meios	■ Foco nos resultados e nos fins
■ Concentração na função de RH	■ Apoio no *core business*
	■ Atuação como consultoria e visão estratégica

Fonte: Adaptado de Chiavenato, 2009.

A área de GP deve adotar características que correspondam às necessidades que a era da informação exige, tais como: nova visão do colaborador; necessidade de criar valor e agregar valor às pessoas; estímulo à administração participativa; busca pela inovação e pela criatividade; gestão do capital intelectual.

O capital intelectual é um dos conceitos mais discutidos atualmente e diferencia-se do capital financeiro, que é quantitativo, numérico, baseado em atividades tangíveis e contábeis.

Sobre essa questão, observe a Figura 3.1.

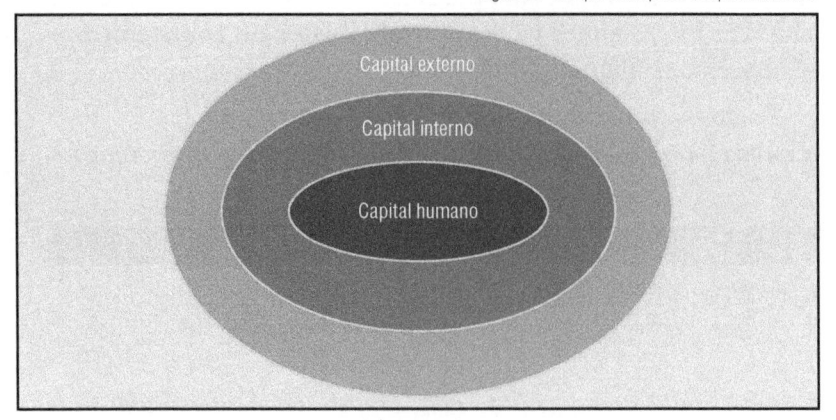

Figura 3.1– Do que é composto o capital intelectual

(Diagrama de elipses concêntricas: Capital externo, Capital interno, Capital humano)

- **Capital humano** – É a força de trabalho. Espera-se que os talentos estejam integrados e conectados por uma arquitetura organizacional dinâmica e envolvente, bem como por um estilo de gestão democrático e participativo.
- **Capital interno** – É constituído por estrutura interna, conceitos modelos, processos, sistemas administrativos e informacionais. É criado pelas pessoas e utilizado pela organização.
- **Capital externo** – Abrange a estrutura externa (relações com clientes, fornecedores, marcas, imagem e reputação). Depende de como a organização resolve e oferece soluções para os problemas dos clientes.

Com base eessas ideias, cria-se a chamada *cadeia de valor*: a partir das pessoas, geram-se resultados, capital intelectual, capital humano, competências e talentos.

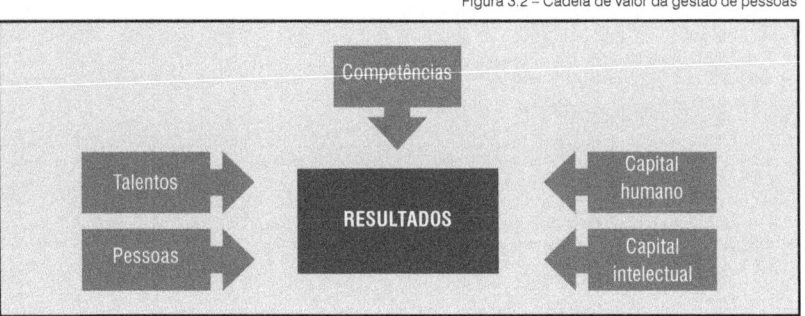

Figura 3.2 – Cadeia de valor da gestão de pessoas

(Diagrama: Competências, Talentos, Pessoas → RESULTADOS ← Capital humano, Capital intelectual)

Fonte: Adaptado de Chiavenato, 2008.

É importante destacar, nesse ínterim, que a GP deve focar seus esforços no capital humano e nas consequências sobre o capital intelectual da organização por meio da GC.

3.1
A gestão do conhecimento (GC)

A GC refere-se à criação, identificação, integração, recuperação, compartilhamento e utilização do conhecimento da organização. Está voltada para a criação e para a organização de fluxos de informação entre vários níveis organizacionais, com o propósito de gerar, incrementar, desenvolver e partilhar conhecimento entre as pessoas (Chiavenato, 2009).

A GC originou-se da necessidade de divulgar, aproveitar, disseminar e aplicar o conhecimento em toda a organização – e, consequentemente, melhorar os resultados operacionais de qualquer negócio.

Até recentemente, tínhamos o hábito de guardar as informações "a sete chaves", com medo de perder poder e de ser enganados. A GC (ou *Knowledge Management*) orienta as empresas no sentido inverso: deve-se promover a produção e a disseminação de conhecimentos, respeitando os quesitos de confidencialidade que toda empresa ou cargo possui. O intuito é incentivar a troca espontânea das pessoas nas organizações, a fim de agilizar processos.

Peter Drucker (2001) defende que tudo depende de conhecimento: pensar, raciocinar, decidir e fazer. O conhecimento é a informação que transforma algo ou alguém para realizar ações mais eficientes.

> Conhecimento – informação estruturada capaz de gerar e agregar valor.

Como o conhecimento não surge por acaso, ele precisa ser gerido. Aí entra a função da GC, que é o processo pelo qual as organizações geram valor a partir de seu capital ou de seus ativos intelectuais (Davenport; Prusak, 1998). Tudo isso com a finalidade de descobrir e aprender novas e melhores práticas e soluções para a resolução dos problemas organizacionais.

O conhecimento é a base do capital intelectual das organizações, que também pode ser expresso como: 1) **tecnologia**: por meio de patentes, processos, produtos e serviços; 2) **informação**: conhecimentos dos clientes, fornecedores e concorrência; entorno, oportunidades de pesquisa; 3) **habilidades** desenvolvidas pelos colaboradores para a solução de problemas: comunicação, gestão de conflitos e desenvolvimento de IC (Chiavenato, 2009).

> A GC é a soma do que todos sabem (*expertise*) + orientação, disseminação, captura, arquivo, organização e aplicação de todo esse conhecimento – o resultado é a vantagem competitiva.

Portanto, a GC é uma filosofia administrativa que combina boas práticas com uma cultura de aprendizagem constante.

Observe a Figura 3.3, que trata da transformação do conhecimento em riqueza organizacional.

Figura 3.3 – O conhecimento e seus objetivos para a empresa

Conhecimento/ Gestão da informação	Objetivos/ Gestão do conhecimento (CG)
■ disseminar ■ aprender ■ dar retroação ■ organizar ■ compartilhar ■ construir ■ alcançar resultados ■ capturar ■ formalizar ■ promover ■ aplicar ■ adquirir	■ incentivar a criatividade ■ promover a inovação ■ compreender os requisitos dos clientes ■ antecipar-se às necessidades dos clientes ■ compreender os processos do negócio ■ compreender os stakeholders ■ melhorar a IC ■ proporcionar retorno do conhecimento ■ aumentar o capital humano ■ aumentar o capital intelectual
Hardware e *software*	Talentos, competências e *software*

A prática da GC esbarra em muitos problemas. Diariamente, são inúmeros os desafios, dos quais elencaremos três com suas possíveis soluções:

- **Primeiro desafio** – Criar uma infraestrutura administrativa do conhecimento. Essa tarefa envolve a construção de redes, bancos de dados e estações de trabalho. Podem ser universidades corporativas ou centros de aprendizagem.
- **Segundo desafio** – Construir uma cultura do conhecimento. É preciso mudar a cultura organizacional no que se refere ao compartilhamento de informações; derrubar barreiras e investir em mecanismos para desenvolver e manter o conhecimento gerado por todos; promover a sensibilização sobre o valor do conhecimento; buscar novas concepções de treinamento e aprendizado; criar um processo de comunicação do conhecimento, tornando todos os colaboradores agentes do aprendizado.
- **Terceiro desafio** – Administrar resultados. É preciso descobrir qual a melhor forma da GC que ajudará na economia de recursos e no aumento da lucratividade, de acordo com o perfil de cada empresa.

3.2

A inteligência competitiva (IC) e a gestão do conhecimento (GC)

Os gestores são perseguidos constantemente por questões que remetem a corte de custos, aumento de lucratividade, aumento da vantagem competitiva dos seus negócios, gestão do capital intelectual, gestão do conhecimento, entre outras questões que urgem por respostas precisas.

As respostas a essas questões podem ser encontradas em uma ferramenta de gestão denominada *inteligência competitiva* (IC).

A IC é um componente crucial da atual economia do conhecimento, pois por meio dela é possível analisar os passos da concorrência, permitindo a antecipação de tomadas de decisões e de tendências de mercado, em vez de a empresa ser meramente reativa a tais questões.

Por *IC* entende-se a capacidade e a habilidade que as organizações possuem para utilizar o conhecimento em busca de uma posição mais competitiva no mercado. A GC e a IC caminham juntas nesse desafio: elas se complementam.

Se ocorrer de forma sistemática e ética, pode ser usada no processo de tomada de decisão, desde que haja identificação, coleta de informações estratégicas, análise e posterior disseminação na organização.

Existe um caminho certeiro para implantar a IC na empresa, representado na Figura 3.4.

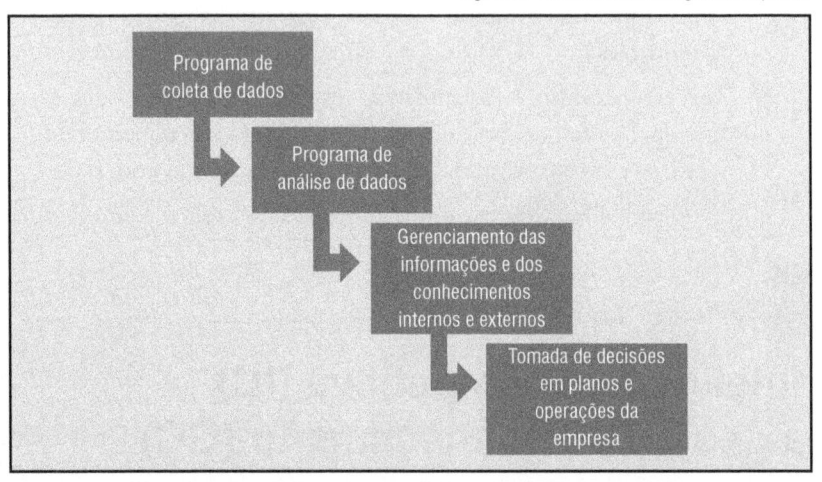

Figura 3.4 – Os caminhos da inteligência competitiva

- Programa de coleta de dados
- Programa de análise de dados
- Gerenciamento das informações e dos conhecimentos internos e externos
- Tomada de decisões em planos e operações da empresa

Esses passos possibilitam a implantação de ações para gerar IC nas empresas. Vale ressaltar que, para aplicar a IC, é importante agregar valor ao conhecimento adquirido e também monitorar e prospectar o mercado, sabidamente competitivo e veloz.

Miller (2002, p. 43) defende que, no processo de IC, é preciso utilizar recursos de informação internos e externos, porquanto as organizações que administram bem tais recursos proporcionarão maior rapidez no acesso à informação e em sua utilização.

De modo geral, os benefícios de investir em IC e GC são:

- Mercados expandidos e consolidados.
- Concorrência identificada, mapeada e monitorada.
- Identificação de novas tecnologias e novos processos e produtos.
- Identificação de oportunidades e ameaças.
- Busca pelo aperfeiçoamento nas etapas de planejamento estratégico.
- Rapidez e segurança na busca de dados e na análise das informações.
- Melhora na produtividade, maior competitividade e redução de retrabalho.
- Postura organizacional proativa.

Portanto, a GC, além de auxiliar as organizações em seu desempenho nas ações estratégicas, também auxilia no processo de IC organizacional, por meio de pessoas que subsidiam a geração de ideias, solucionando problemas e melhorando as tomadas de decisões.

3.3

A inteligência competitiva: ciclo e passos

Os avanços tecnológicos, as exigências já alardeadas do mercado e a necessidade de informação e comunicação prementes empurram as empresas a buscar vantagens competitivas nas mais diversas fontes – entre as quais está o capital intelectual, pois a informação e o conhecimento passam a ser o grande diferencial para indivíduos e organizações. Nesse contexto, a informação e o conhecimento tendem a ser devidamente sistematizados, gerenciados e socializados, resultando no conhecimento corporativo, que propicia às empresas maior competência e competitividade, sobremaneira com a adoção da IC e da GC – já que as organizações são alicerçadas pelo conhecimento de suas pessoas e pelo desempenho do conhecimento coletivo no mercado.

Desse modo, o processo de gerar, obter e aplicar o conhecimento passou a ser um item básico para o enfrentamento de desafios. As pessoas são consideradas ativos importantes, já que são geradoras de conhecimento – característica que leva a uma maior eficácia e efetividade operacional.

A GC é importante, porquanto possibilita às organizações conhecer o que possuem em termos de informação e conhecimento – o que é útil e o que pode ser descartado –, além de criar uma dinâmica entre o tácito e o explícito, promotora de um ambiente favorável ao conhecimento.

Nesse sentido, a GC, além de auxiliar a organização no desempenho de ações estratégicas, também auxilia no processo de IC, subsidiando a geração de ideias, a solução de problemas e a tomada de decisão.

Observe, na Figura 3.5, o ciclo da IC, desde o mapeamento dos desafios até a tomada de decisão propriamente dita.

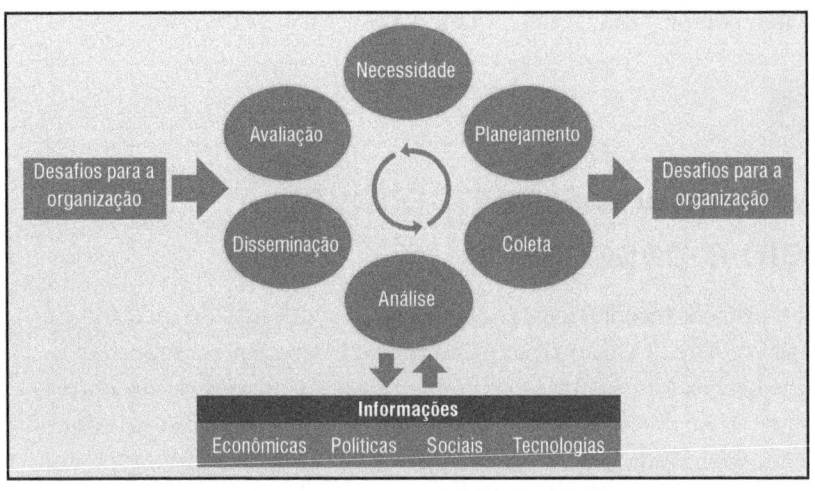

Figura 3.5 – O ciclo da inteligência competitiva

Fonte: Adaptado de Amaral; Garcia; Alliprandini, 2008.

Você pode observar, pela representação, que informações de diferentes tipos – políticas, sociais, econômicas e tecnológicas – devem ser consideradas no ciclo da IC. Isso serve para enfatizar que a análise da IC deve ser sistêmica e completa.

De acordo com o CID (*Center for Innovation Development*)[1], os passos básicos para produzir a IC são quatro, como você pode conferir na Figura 3.6.

Figura 3.6 – Produção de inteligência competitiva

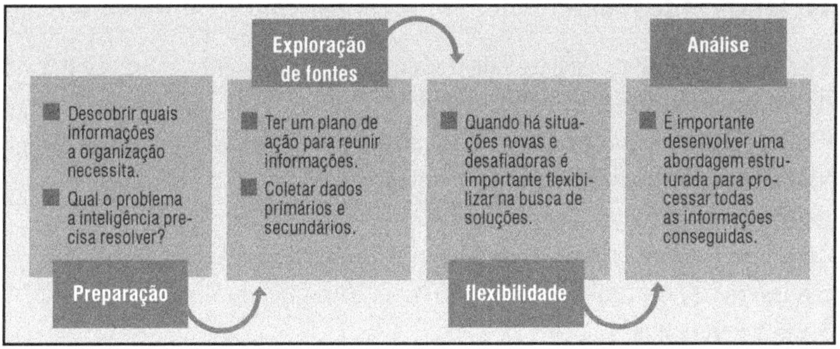

Preparação	Exploração de fontes	flexibilidade	Análise
■ Descobrir quais informações a organização necessita. ■ Qual o problema a inteligência precisa resolver?	■ Ter um plano de ação para reunir informações. ■ Coletar dados primários e secundários.	■ Quando há situações novas e desafiadoras é importante flexibilizar na busca de soluções.	■ É importante desenvolver uma abordagem estruturada para processar todas as informações conseguidas.

Fonte: Adaptado de Wageningen UR, 2014.

Note que os passos necessários são similares ao desenvolvimento de qualquer plano de ação: preparação/planejamento; fontes de pesquisa; busca de soluções com flexibilidade e considerando a realidade da organização; análise dos dados coletados para a tomada de decisão gerencial.

Quanto à etapa da preparação e do planejamento, cabe enfatizar que as seguintes questões devem estar na pauta: Quais decisões serão ou precisam ser tomadas? Por quê? Quando? Quem tomará as decisões? Onde e como essa inteligência será utilizada? Quanto custará?

Todas essas perguntas ajudam a identificar e nortear os assuntos/temas principais que precisam ser explorados e resolvidos. Aqui, devem ser levantados os *key intelligence topics* (tópicos-chave da inteligência).

Lembre-se de que um programa de inteligência é um investimento de longo prazo, pois pode levar de três a cinco anos para a obtenção de um retorno proporcional ao que foi investido.

---

1   Saiba mais em: <http://aurorawdc.com/about/>.

3.4

A inteligência competitiva e a matriz Fofa

Algumas ferramentas gerenciais podem ser utilizadas para aumentar a IC de uma empresa. Entre elas, temos a matriz Fofa (forças, oportunidades, fraquezas e ameaças), que também é conhecida como *análise Swot* (*strengths, weaknesses, opportunities, threats*). É o levantamento das forças, fraquezas, oportunidades e ameaças feito pela comparação entre a empresa e seus concorrentes, além de análises de mercado e tendências, de modo que facilitem as tomadas de decisões estratégicas e gerenciais.

Na matriz Fofa são consideradas forças e fraquezas, segundo a análise de todas as características internas da organização. Podemos citar como exemplos de forças: tecnologias empregadas, patentes, participação do mercado, qualidade de produtos e serviços, posição financeira e fidelidade dos clientes; e como exemplos de fraquezas: dívidas, mão de obra sem qualificação, problemas trabalhistas, produtos ruins, imagem comprometida, processos truncados e equipamentos ultrapassados.

Para a matriz Fofa, oportunidades e ameaças são consideradas características externas. As oportunidades, nesse contexto, são as chances que toda empresa tem de melhorar sua participação no mercado, tais como: leis, mudanças demográficas e sociais dos consumidores, queda de custos, término de patentes da concorrência.

Já as ameaças são as condições externas que podem prejudicar uma organização. Por exemplo: matéria-prima escassa, existência de leis inadequadas, novos concorrentes e taxas de juros elevadas.

Observe com atenção o Quadro 3.2, que ilustra de que forma a matriz Fofa pode contribuir para ações de IC em uma empresa.

Quadro 3.2 – A matriz Fofa

		Análise interna	
		Pontos fortes (*strengths*)	Pontos fracos (*weaknesses*)
Análise externa	Oportunidades (*opportunities*)	**SO** Tirar o máximo a partir dos pontos fortes para aproveitar ao máximo as oportunidades detectadas.	**WO** Desenvolver estratégias que minimizem os efeitos negativos dos pontos fracos e que, ao mesmo tempo, maximizem a capacidade de aproveitar oportunidades emergentes.
	Ameaças (*threats*)	**ST** Tirar o máximo a partir dos pontos fortes para minimizar os efeitos das ameaças detectadas.	**WT** As estratégias a serem desenvolvidas devem minimizar ou ultrapassar os pontos fracos e, tanto quanto possível, enfrentar as ameaças.

Fonte: Adaptado de Cicogna, 2011.

Com o levantamento e o cruzamento dessas informações, as tomadas de decisões e as ações norteadoras de uma empresa passam a ser balizadas por dados mais confiáveis. Isso aumenta a chance de sucesso nas decisões gerenciais.

Herring e Francis (1999) estabeleceram alguns questionamentos que podem ser utilizados para saber que tipo de inteligência se deve buscar para cada empresa.

Veja, a seguir, algumas perguntas norteadoras desse processo.

1. Quais decisões devem ser tomadas?
2. Quais as principais preocupações da empresa?
3. Quais são os concorrentes mais preocupantes?
4. Em quais decisões um sistema de IC fará diferença?
5. Quais foram os momentos em que nossa empresa foi surpreendida por não estar preparada?

6. Quais tipos de informações são necessários para as tomadas de decisões gerenciais?
7. Quais os tipos de inteligência recebidos?
8. Qual a capacidade de IC que a empresa possui hoje?
9. Quem serão os usuários da IC produzida?
10. Existem barreiras ao compartilhar informações? Quais?
11. De que forma a inteligência será entregue?
12. Como organizar um sistema de IC?

Fonte: Adaptado de Harring, 1999.

Entendemos que os recursos tecnológicos são relevantes para a gestão da IC e para a GC de toda empresa, mas não são o fator mais importante.

A IC e a GC dependem das pessoas para a obtenção de sucesso, pois são elas que detêm o conhecimento para discernir entre todos os dados e informações – que, muitas vezes, são desencontrados e complexos – e a partir de análises, tomar decisões e agir estrategicamente, antecipando-se aos problemas para proporcionar soluções rápidas e eficazes aos desafios impostos.

Indicações culturais

As indicações a seguir servem, sob vários aspectos, para repensar e/ou aprofundar os temas desenvolvidos neste capítulo:

BUZAN, T. **Mapas mentais e sua elaboração**: um sistema definitivo de pensamento que mudará a sua vida. São Paulo: Cultrix, 2005.

REZENDE, J. F. **Balanced Scorecard e a gestão do capital intelectual**: alcançando a performance balanceada na economia do conhecimento. 6. ed. Rio de Janeiro: Elsevier, 2003.

V DE VINGANÇA. Direção: James McTeigue. EUA; Reino Unido; Alemanha: Warner Bros, 2005. 132 min.

4

Liderança estratégica e formação de equipes de alta *performance*

O momento atual é caracterizado por profundas mudanças no ambiente organizacional. Essas mudanças requerem novas arquiteturas organizacionais e de negócios, nas quais o poder seja mais diluído e descentralizado, sublinhando-se a visão estratégica dos gestores. Para tanto, faz-se necessário elevar a qualificação das equipes e dos líderes.

A evolução do tema *liderança* é impulsionada pelos mesmos desafios que as organizações enfrentam. A função e a atuação do novo líder – figura mais estratégica que a de seu antecessor, o chefe de pessoal, ou o supervisor, ou o gestor de recursos humanos (RH) – em nada se comparam com as funções exercidas anteriormente.

Hoje, os chefes (ou melhor, os líderes) atuam na função de *staff*, com uma importância bem maior e uma missão ainda mais desafiadora. A atuação dos líderes estratégicos é ainda mais efetiva no que se refere à obtenção de resultados. Como determinou Peter Drucker (2002), o maior desafio para a empresa do século XXI é lidar com pessoas – não com máquinas.

E pessoas são lideradas, geridas, gerenciadas, motivadas e encantadas.

Mas, afinal, como ser um líder estratégico? O que o diferencia de outros perfis de liderança? Nem todo chefe é líder e nem todo líder é chefe. Por isso, existe a necessidade constante da identificação de perfis adequados para exercer a liderança dentro das organizações – e, sem dúvida, a área de gestão de pessoas (GP) pode atuar nessa tarefa.

Há diversas definições para a palavra *liderança*. Alguns autores não entendem que há diferença entre o papel do líder e o do gestor.

Neste capítulo, vamos entender qual é a diferença de atuação desses papéis, a começar pelo Quadro 4.1.

Quadro 4.1 – Diferenças entre o líder e o gestor

Líder	Gestor
Lidera conectando-se às pessoas.	Coloca as pessoas para trabalhar.
Lidera influenciando as pessoas a pensar e a agir como proprietários da empresa.	Gerencia e mantém as pessoas trabalhando para a organização.
Lidera convencendo e influenciando as pessoas a fazer o que precisa ser feito.	Para ele, gerenciar é a arte de fazer com que os outros façam algo que você está convencido de que precisa ser feito.
Para ele, liderar é mobilizar os outros a batalhar por aspirações compartilhadas.	Para ele, gerenciar é a arte de mobilizar os outros para trabalhar.
Para ele, liderar é a arte de obter resultados desejados, acordados e esperados de pessoas engajadas e comprometidas.	Para ele, gerenciar é a arte de obter resultados desejados, acordados e esperados por meio das pessoas.

Percebeu como não é tão simples distinguir entre um e outro? Temos de analisar esse quadro atentamente para perceber a sutil diferença, porém, é inegável que ela existe – e não é apenas uma questão de ser melhor, mas sim de demonstrar uma demanda moderna, que deve estar implicada na condução de pessoas, a fim de seguir as características da realidade em que vivemos.

As atuações do líder e a do gestor são necessárias e podem se complementar.

Para o líder, consideramos os verbos: *conectar, mobilizar, agregar, influenciar, motivar, comprometer* e *engajar*. Muito mais do que a reprodução desses conceitos, o líder deve ser a prática constante deles.

A definição de Lacombe (2004) contribui para o entendimento do papel do líder. Para ele, ***liderar*** é conduzir um grupo de pessoas, influenciando seus comportamentos e suas ações, para atingir objetivos e metas de interesse comum ao grupo, de acordo com uma visão de futuro baseada em um conjunto coerente de ideias e princípios (Lacombe, 2004).

Já segundo o grande papa da administração, Drucker (1992), o **líder** é simplesmente quem possui seguidores.

Para ambas as definições, *liderar* tem a ver com a atitude do líder, de forma que a liderança consiste na competência desse ato.

Vejamos, agora, a definição de *líder* para Senge (2008, p. 57):

> o líder não é só um projetista, responsável por erguer os pilares da empresa, ele é também o professor, que corrobora com o desenvolvimento das pessoas que lidera, ele é um regente que dá ênfase aos desempenhos individuais e grupais tendo em vista os objetivos da organização, deve ser capaz de atuar como um maestro na frente da sua orquestra, tendo características como: autocontrole, autoliderança, autoconhecimento, compartilhamento, coragem, foco e determinação, ser um agente de mudanças, inspirar confiança, ser visionário, aberto e carismático.

Todas essas definições enfatizam como o papel do líder é fundamental para o alcance de resultados – sempre por meio de exemplos, atitudes e posturas; jamais por imposição ou por mau uso da autoridade.

4.1
O líder e os desafios de liderar

Em uma publicação da revista *Você S/A,* o professor Anderson Sant'Anna (2013) afirma que, na escala evolutiva de gestão, um líder de líderes se torna essencial para tornar o ambiente mais humano e criativo. **A atual tônica da liderança é a formação de líder de líderes.** Espera-se que este tenha a capacidade de **ler contextos e pessoas**, de **estabelecer conexões** e de saber lidar com contextos multiculturais e situações contraditórias (Sant'Anna, 2013).

Sant'Anna (2013) ainda destaca que um líder de líderes deve criar condições para uma gestão humana, em que os gerentes líderes, os líderes gerentes e suas equipes possam evidenciar a criatividade, a capacidade de inovação, a sensibilidade, as experiências e as emoções; expressando, assim, o máximo de suas potencialidades como pessoas e profissionais.

Em relação a algumas características do papel do verdadeiro líder diante de seus liderados, ele tem a capacidade de:

- aceitar as pessoas como elas são, não como ele gostaria que fossem;
- abordar relacionamentos e problemas em termos de presente, e não de passado;
- tratar os que estão próximos com a mesma atenção cordial que concede a estranhos e a pessoas que conhece casualmente;.
- confiar nos outros, mesmo quando o risco é grande;
- agir sem aprovação e reconhecimento constantes dos outros.

Ou seja, as atitudes e a postura de um líder revelam autoconhecimento, autocontrole e experiência profunda.

Mas como fica, na visão da empresa, esse novo líder?

Marras (2011, p. 252) nos apresenta, sob o ponto de vista de uma empresa, o que é esperado do líder estratégico:

- Conhecer em profundidade o perfil ideal do colaborador e suas necessidades, sempre considerando o momento em que ele se encontra e onde deseja estar, além de outras variáveis.
- Revestir o processo de decisão estratégica com princípios humanísticos, propiciando um ambiente de trabalho seguro, com excelente qualidade de vida e perspectivas de ascensão profissional.
- Estar sempre em sintonia com a cúpula estratégica, participando de reuniões e identificando os valores centrais da empresa (que deverão reger os comportamentos dos colaboradores e os interesses e necessidades tanto da empresa quanto dos empregados).
- Desempenhar o papel de consultor interno com as lideranças de toda a estrutura organizacional (chefes, supervisores, gerentes, diretores), para contribuir efetivamente com o relacionamento entre as partes.
- Responder pela otimização de resultados concretos por meio da criação e do acompanhamento de indicadores que relacionem as três variáveis do processo estratégico de pessoas, a saber: 1) o sucesso da implementação de políticas humanísticas na elevação do nível de qualidade de vida do trabalhador; 2) o nível de comprometimento dos trabalhadores no atingimento

dos objetivos quantitativos e qualitativos de toda a empresa; e 3) a otimização dos resultados operacionais.

O líder estratégico deve desenvolver-se continuamente, primando pelas relações interpessoais com os diversos públicos, com enfoque nos objetivos da empresa e dos colaboradores, sempre em busca do equilíbrio de interesses e de resultados para agregar mais valor ao negócio.

4.2

Todos somos potencialmente líderes

Vale lembrar que a liderança é um processo situacional e social, em que são estabelecidas relações de influência sobre as pessoas. Para Cappelli (2010), o momento de liderar requer as seguintes atitudes por parte do líder:

- Criar um projeto em comum, tendo visão clara dos propósitos, e saber transmiti-los.
- Guiar-se pelos valores da organização, mantendo coerência nos momentos de adversidades.
- Contribuir para que a equipe aprenda com a troca de experiências, criando condições objetivas para o compartilhamento de informações, conhecimentos, atitudes, acertos e erros.
- Manter o foco no essencial.
- Estimular as pessoas a perceber e a desenvolver seus pontos fortes.
- Estabelecer *networking* para ter aliados em situações difíceis.
- Tomar cuidado com indecisões ou decisões ineptas.
- Criar um ambiente colaborativo.
- Estimular o alto desempenho da equipe.

Cabe ao líder estar sempre atento a essas atitudes. Exercer a liderança é, assim, mais que um dom nato: requer conhecimentos, habilidades e atitudes que devem ser continuamente desenvolvidos e aperfeiçoados. Toda pessoa pode ser um líder, basta preparar-se, desenvolver-se e interessar-se por pessoas.

É importante destacar que as empresas, atualmente, desejam três tipos de liderança: a carismática, a transformacional e a transacional. Um líder com essas características tende a desenvolver um trabalho em equipe agregador e com excelentes resultados.

Esses estilos de liderança podem ser desenvolvidos pelo gestor que efetivamente se preocupa com os resultados a serem alcançados tanto para a sua organização quanto para as pessoas que trabalham com ele.

4.3
O papel da gestão de pessoas (GP) na formação de equipes de alta *performance*

Quando abordamos o tema *equipes de alta performance*, é necessário entender qual é o papel de GP estratégica nesse contexto.

Um dos maiores desafios da GP é o de construir um modelo que satisfaça tanto o empregador quanto o empregado, na construção de diretrizes, ferramentas e instrumentos que assegurem uma gestão coerente, eficaz e consistente ao longo do tempo, para ambas as partes.

Nesse sentido, Dutra (2004) defende a proposta de ideias-forças para um modelo de GP, que podem ser observadas na Figura 4.1.

Figura 4.1 – Ideias-forças para um modelo de gestão de pessoas

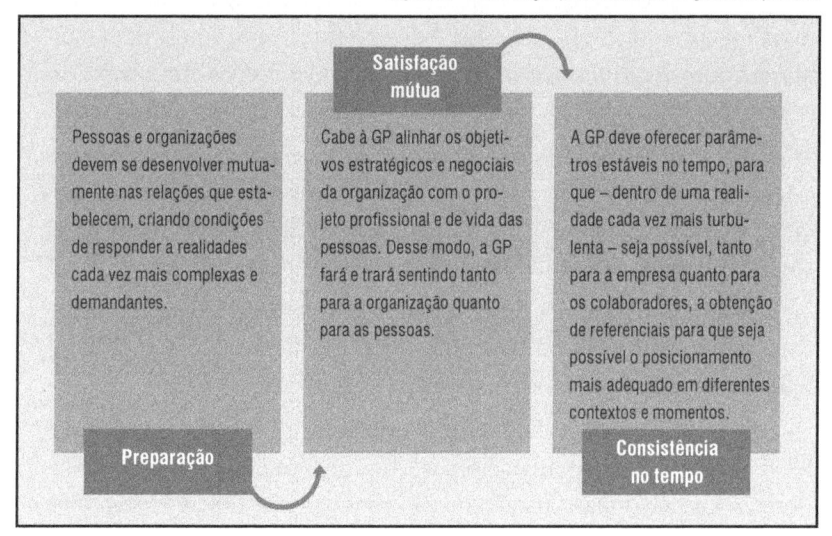

Satisfação mútua

Pessoas e organizações devem se desenvolver mutuamente nas relações que estabelecem, criando condições de responder a realidades cada vez mais complexas e demandantes.

Cabe à GP alinhar os objetivos estratégicos e negociais da organização com o projeto profissional e de vida das pessoas. Desse modo, a GP fará e trará sentido tanto para a organização quanto para as pessoas.

A GP deve oferecer parâmetros estáveis no tempo, para que – dentro de uma realidade cada vez mais turbulenta – seja possível, tanto para a empresa quanto para os colaboradores, a obtenção de referenciais para que seja possível o posicionamento mais adequado em diferentes contextos e momentos.

Preparação

Consistência no tempo

Fonte: Adaptado de Dutra, 2004.

Perceba que o entrelaçamento dessas ideias-forças é fundamental para a obtenção de resultados que favoreçam todos os atores envolvidos.

Além delas, alguns **valores** podem garantir a efetividade das ideias propostas por Dutra (2008), que podem ser caracterizados conforme ilustra a Figura 4.2.

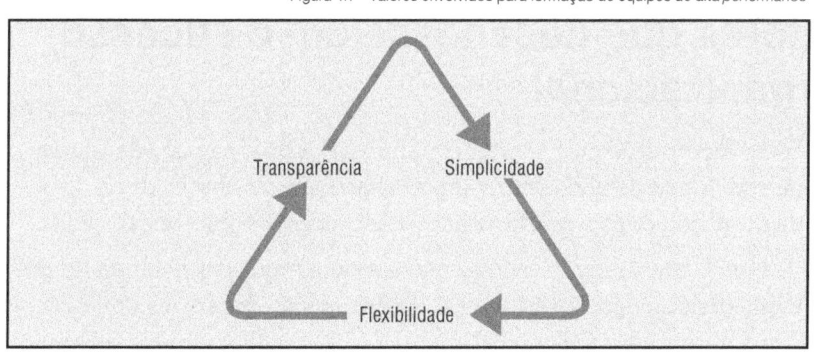

Figura 4.1 – Valores envolvidos para formação de equipes de alta *performance*

Transparência → Simplicidade → Flexibilidade → (Transparência)

Fonte: Dutra, 2008, p. 65.

O valor **transparência** corresponde à clareza dos critérios que norteiam a GP, bem como à comunicação desses critérios aos envolvidos, para facilitar sua aceitação.

O valor **simplicidade** se refere à formulação dos critérios e à maneira como são aplicados. Ele é de extrema importância para facilitar a compreensão, a aceitação e o comprometimento em torno dos valores estabelecidos e de sua prática em cada contexto organizacional.

O valor **flexibilidade** é importante na manutenção dos critérios que norteiam a GP, validados ao longo do tempo até alcançarem um *status* de permanência – caso tenham a flexibilidade necessária para ajustarem-se aos diferentes contextos.

Desse modo, devemos observar os processos de GP como um todo consistente (de forma transparente, simples e flexível), capaz de conciliar os interesses dos indivíduos e da organização.

Para que seja possível constituir uma área de RH voltada à satisfação dos objetivos organizacionais e das demandas de seus trabalhadores, é necessário lançar mão de algumas técnicas (a serem descritas nos próximos capítulos) que são, na verdade, a utilização sistemática de ferramentas de gestão consagradas, capazes de contribuir com o trabalho diário das pessoas.

4.4

As equipes de alta *performance* e os fatores que desencadeiam o sucesso organizacional

Toda organização deve ter um conjunto de pessoas capazes de contribuir, com suas habilidades e competências, para a formação de equipes de trabalho produtivas, eficazes e que alcancem os objetivos traçados.

Como um único indivíduo não apresenta todas as habilidades e competências necessárias para o cumprimento das metas organizacionais, uma empresa necessita de equipes formadas por pessoas com diferentes qualidades. Essa diversidade é essencial para o enfrentamento dos desafios atuais, pois, a partir dela, os problemas e as soluções são vistos por ângulos distintos.

Mas, como conviver harmoniosamente quando trabalhamos com pessoas que apresentam pontos de vistas, formações e entendimentos diferenciados?

Alguns estudiosos analisam o comportamento das equipes na tentativa de obter respostas para as seguintes questões: Quais são os fatores de sucesso das equipes? Por que acontecem conflitos? Como evitá-los? Como melhorar a convivência entre as pessoas?

Margerison e McCann (2000) realizaram estudos com equipes de alta *performance* e identificaram oito fatores fundamentais para o sucesso, que podem ser observados a seguir.

1. **Assessoria** – Os membros de uma equipe devem assegurar que todos estejam recebendo informações adequadas para agilizar as tomadas de decisões.

2. **Inovação** – Refere-se ao modo como as coisas são realizadas e como podem ficar ainda melhores. Quando as pessoas não inovam nas suas práticas, os custos operacionais aumentam, pois não há experimentação de novas ideias.

3. **Desenvolvimento** – As ideias devem ser moldadas de acordo com a necessidade dos usuários. É preciso ouvir quais são as necessidades e a partir daí incorporá-las aos planos.

4. **Organização** – Cada membro da equipe deve saber o que, onde e como fazer o que é preciso. Os objetivos e as ideias são definidos e implementados.

5. **Produção** – Etapa de entrega de produtos e serviços dentro de padrões de eficiência e eficácia, de maneira ordenada e controlada, por cada membro da equipe.

6. **Inspeção** – Aqui são englobados o controle e a auditoria dos sistemas de trabalho das equipes, visando à melhoria contínua dos membros e dos serviços prestados.

7. **Manutenção** – Os processos de trabalho são averiguados e submetidos a padrões de qualidade para garantir que a eficiência da equipe não diminua – o que contribui para aumentar o padrão de excelência.

> 8. **Ligação** – São as ações ligadas à coordenação e integração entre os membros da equipe para que o trabalho seja feito em conjunto, respeitando as diferenças e especificidades técnicas de cada membro e, assim, ampliando assim a atuação eficiente e eficaz de todos os envolvidos.

Fonte: Adaptado de Margerison; McCann, 2000.

Cada fator apresentado contribui para a formação de equipes de alto desempenho. Assim, eles devem ser diagnosticados e averiguados continuamente pelos gestores de RH para efetivar o desenvolvimento das equipes.

4.5
Habilidades para gerenciar equipes de alta *performance*

Sempre há particularidades em um trabalho de equipe. É comum, nas equipes de trabalho, pessoas exercerem ora uma função ora outra ou várias ao mesmo tempo, dependendo das habilidades requeridas para a solução de problemas.

Marras (2011) defende que o trabalho em equipe difere do trabalho em grupo: enquanto neste as pessoas executam separadamente as tarefas designadas pela chefia, responsabilizando-se isoladamente por sua realização, naquela todos trabalham juntos, envolvidos cada um na tarefa de todos, o que faz com que haja um comprometimento total na obtenção de resultados.

As equipes bem-sucedidas apresentam algumas características: têm compromisso com objetivos compartilhados entre os membros; há consenso na tomada de decisões apresentam uma comunicação aberta e honesta; compartilham a liderança; dividem um clima de colaboração, cooperação, apoio e confiança; valorizam os indivíduos pela sua diversidade; veem nos conflitos uma resolução positiva (Chiavenato, 2008).

Além disso, para o desenvolvimento de equipes de alta *performance*, algumas habilidades especiais devem ser reforçadas e requeridas, segundo Cloke e Goldsmith (2002):

- **Habilidade de autogerenciamento** – A equipe deve desenvolver um senso de propriedade, responsabilidade e compromisso em cada membro, encorajando a participação e a autocrítica, visando à melhoria no ambiente de trabalho.

- **Habilidade de comunicação** – Toda equipe de alta *performance* deve trabalhar de forma colaborativa, comunicando aberta e honestamente e ouvindo ativamente em busca de sinergia.

- **Habilidade de liderança** – A equipe deve criar oportunidades para que todos exerçam as habilidades de liderança.

- **Habilidade de responsabilidade** – Os membros de uma equipe não são meros espectadores do desempenho dos colegas. Deve haver responsabilidade compartilhada, com o intuito de melhorar o desempenho de todos.

- **Habilidade de retroação e avaliação** – Todos devem se autoavaliar e avaliar o outro de forma respeitosa, promovendo o desenvolvimento mútuo. Essa prática melhora a qualidade dos serviços prestados, a comunicação e o ambiente profissional.

- **Habilidade de planejamento estratégico** – A equipe deve ser proativa na solução de problemas: criar novas visões e novos objetivos, analisar barreiras e além de propor estratégias e planos de ação que envolvam e comprometam os envolvidos.

- **Habilidade de conduzir reuniões** – Os membros devem participar, observar, atuar e corrigir o rumo das reuniões para que sejam mais produtivas e focadas.

- **Habilidade de resolver conflitos** – Toda equipe deve aprender a negociar colaborativamente, resolver conflitos de maneira clara e respeitosa e entender que nem todo conflito é negativo. Problemas podem trazer benefícios aos envolvidos, se forem tratado de maneira racional e aberta.

- **Habilidade de desfrutar** – Devem-se comemorar as conquistas, vibrar com os membros pelas atividades realizadas, brindar a união e o trabalho colaborativo.

O desenvolvimento e o gerenciamento de equipes de alta *performance* são grandes desafios da área de RH, pois envolvem as habilidades citadas e o entendimento da complexidade da natureza humana e suas necessidades e desejos.

4.6

Liderando equipes de alta *performance*

Um dos modelos de gestão mais indicados para gerir equipes de alta *performance* é o modelo de gestão participativo. Nesse contexto, além das atitudes, das habilidades específicas e dos conhecimentos já tratados, o líder deve atentar para os mandamentos extraídos do livro de Gramigna (2007, p. 210), que podem servir como guia nesta tarefa complexa que é gerir pessoas:

- Estimule a cooperação e exija das pessoas – todos são responsáveis pelo sucesso do grupo.
- Proponha regras de cooperação para a equipe e estimule a análise crítica para a superação dos conflitos.
- Trabalhe a máxima "participar é ser responsável", desempenhando bem seu papel no grupo.
- Abra espaços para o novo: modificar-se e deixar-se modificar nos enriquece.
- Utilize a empatia, coloque-se no lugar do outro – isso facilita as relações.
- Dê e receba *feedbacks*: a consciência crítica de todos melhora com o uso responsável e respeitoso desse recurso.

Você percebeu como esses mandamentos dão ênfase às atitudes pessoais? Trabalhar em equipe agrega atitude – que é elemento essencial nas relações de trabalho e, portanto, influi diretamente nos resultados alcançados.

Atingir um nível de excelência, criando ambientes em que há o desempenho de equipes de alta *performance*, é um desafio complexo, ainda que muito recompensador para a área de GP. Esse é o panorama que diferencia o novo RH daquele praticado desde os primórdios da Era Industrial até a década de 1990, em virtude da ampla mudança trazida pela globalização.

Indicações culturais

As indicações a seguir servem, sob vários aspectos, para repensar e/ou aprofundar os temas desenvolvidos neste capítulo.

ANJOS da vida: mais bravos que o mar. Direção: Andrew Davis. EUA, 2006. 139 min.

BLANCHARD, K.; CAREW, D. **O gerente-minuto desenvolve equipes de alto desempenho**. Rio de Janeiro: Record, 2000.

CONDUZINDO Miss Daisy. Direção: Bruce Beresford. EUA: Warner Bros, 1989. 99 min.

PARREIRA, C. A. **Formando equipes vencedoras**. Rio de Janeiro: Best Seller, 2006.

SOCIEDADE dos poetas mortos. Direção: Peter Weir. EUA, 1989. 128 min.

5

Conflitos: conceitos e fatores desencadeantes

A gestão de conflitos é de suma importância no dia a dia das empresas, pois os gestores que sabem lidar com situações conflitantes obtêm melhores resultados das suas equipes. Mas você sabe por que acontecem conflitos no ambiente de trabalho? É o que veremos neste capítulo.

5.1

Conflitos no ambiente de trabalho

Uma das causas de conflitos no ambiente de trabalho é a quebra de contrato. Quando falamos em *contrato*, referimo-nos ao que se espera de cada membro da equipe: metas a atingir, responsabilidades individuais, normas de participação, prazos e outros aspectos relevantes (Gramigna, 2007).

A quebra de contrato ocorre quando um dos componentes do acordo deixa de cumprir a sua parte. Nesse contexto, surgem os conflitos – e estar apto a resolvê-los é fundamental para realinhar a equipe, tornando sua ação mais assertiva.

Gramigna (2007) expõe que a gestão de conflitos tem como principais objetivos descobrir onde estão os pontos de quebra de contrato e buscar estratégias para reajustar as responsabilidades.

Vale enfatizar que, muitas vezes, o conflito ocorre de maneira lenta, não havendo confronto imediato. O gestor deve estar atento às formações de "panelinhas", às fofocas, aos boatos e à redução de produtividade dos seus colaboradores. Tudo isso pode ser indício de que alguma coisa não vai bem. Algo precisa ser feito, pois a perda é considerável num ambiente onde as pessoas vivem em conflito (sejam eles explícitos ou velados).

E como resolver essa problemática? Chamando as pessoas para conversar, organizando reuniões, oferecendo *feedbacks*, promovendo trabalhos específicos para a melhora do clima organizacional, oferecendo aconselhamento individual com psicólogos, e entre outras práticas que veremos neste capítulo.

> Lembre-se: quanto antes os conflitos forem deflagrados e resolvidos, melhor para todos os envolvidos.

Sempre que falamos em *acordo, aprovação, coordenação, resolução, unidade, consentimento, consistência* e *harmonia*, devemos lembrar que essas palavras pressupõem a existência ou a iminência de seus opostos: *desacordo, desaprovação, dissensão, desentendimento, incongruência, discordância, inconsistência, oposição* – o que pode acabar resultando em conflito (Chiavenato, 2009).

> Um conflito pode resultar em forças construtivas, que levam à inovação e à mudança, ou em forças destrutivas, que levam ao desgaste e à oposição.

Alguns autores chamam a atenção para a ausência de conflitos, pois isso pode significar acomodação, apatia e estagnação. Afinal, os conflitos existem em razão de pontos de vista e interesses diferentes, que normalmente se chocam. Sob essa ótica, quando há conflito, há dinamismo – gerado a partir de forças vitais em choque.

O conflito é um processo que começa quando uma parte percebe que a outra frustrou ou pretende frustrar um interesse seu. À medida que as situações mudam, alteram-se a quantidade e a qualidade dos conflitos, que tendem a se diversificar e a aumentar (Chiavenato, 2009).

Um conflito não é causal nem acidental, mas inerente à vida humana. É fácil perceber que dificilmente temos desejos ou interesses idênticos aos das outras pessoas – e é justamente essa diferença que acaba conduzindo a algum tipo de conflito. Chiavenato (2009, p. 361) resume essa ideia da seguinte forma: "conflito significa existência de ideias, sentimentos, atitudes ou interesses antagônicos e colidentes que podem se chocar".

O conflito sempre existirá quando uma parte se sentir prejudicada, pois isso significa que a outra, de forma deliberada, atrapalhou o alcance dos objetivos pretendidos. Assim, há duas condições que desencadeiam o conflito:

1. Percepção da incompatibilidade de objetivos.
2. Percepção da oportunidade de interferência.

Esses comportamentos produzem as condições favoráveis para o surgimento de um conflito: uma das partes percebe que existe uma condição desencadeante, que pode ser incompatibilidade de objetivos, enquanto outra vê em determinada situação um certo interesse que desencadeia a vontade de interferência.

A partir disso, é preciso lançar mão de táticas para solucionar conflitos, que podem ir desde a resistência passiva até o bloqueio ativo do trabalho da outra parte.

Vale destacar que a ação de uma das partes pode provocar alguma reação adversa da outra, que, por sua vez, pode causar uma série de ocorrências, positivas ou negativas, resultado de percepções e sentimentos ligados ao conflito – intensificando-o ou facilitando sua resolução.

A boa notícia é que frequentemente se chega à resolução de um conflito por meio de negociações, conversas com os envolvidos e ações de mediação – as mais tradicionais técnicas de gestão de conflitos dentro de uma empresa.

5.2

A gestão dos conflitos

Um conflito pode ter resultados positivos ou negativos, construtivos ou destrutivos para as partes envolvidas. Desse modo, o desafio consiste em administrar os conflitos, maximizando os efeitos construtivos e minimizando os efeitos destrutivos.

Martinelli, Ventura e Machado (2004) afirmam que, por conta da interdependência do trabalho, dos fluxos e dos novos padrões de interação e de relacionamentos, as atividades exercidas geram sentimentos individuais que são um campo fértil para os conflitos nas organizações.

Os autores afirmam que existem quatro maneiras distintas de cuidar da gestão de conflitos (Martinelli; Ventura; Machado, 2004):

1. acomodação;
2. dominação;
3. compromisso;
4. solução integrativa dos problemas.

A **acomodação** é um instrumento de gestão de conflitos que usa a manipulação para evitar a confrontação. Em outras palavras, busca-se encobrir os conflitos – o que acontece muito nas organizações menos eficientes. Ainda assim, o que você deve refletir é que a busca pela manutenção da harmonia num ambiente por meio da acomodação pode, em alguns casos, funcionar melhor do que partir para uma efetiva confrontação do conflito, ação de todo irreversível. Portanto, o segredo está na forma como a acomodação é conduzida.

Já a **dominação** é o exercício do poder levado ao extremo. Depende da cultura das pessoas inseridas no processo, mas normalmente oprime e gera muita insatisfação. Se o problema da acomodação é o risco do conflito, quando ignorado, se agravar, na dominação as pessoas envolvidas podem se ressentir e se negar a cooperar com uma solução plausível. Podemos perceber, então, que esta não é a melhor maneira de resolver conflitos.

O **compromisso**, por sua vez, propõe que cada parte envolvida desista um pouco daquilo que almeja. Desse modo, aumentam-se as chances de um acordo pacífico. Este sim é um modo satisfatório de resolução de conflitos.

Outra forma de administrar os conflitos é pela **solução integrativa dos problemas**, a chamada *abordagem colaborativa*. Essa forma não envolve a barganha de posições (em que um cede para conseguir algo do outro) e não se caracteriza por tentativas de imposições nem comprometimentos indesejados. A solução integrativa busca encontrar a alternativa que sirva completamente aos interesses de cada parte envolvida. Como se pode imaginar, nem sempre ela é possível na prática.

Esse método envolve três passos:

1. Buscar a identificação das considerações básicas ou subjacentes das partes envolvidas.
2. Procurar por alternativas e identificar as consequências para os envolvidos.
3. Identificar a alternativa mais favorável.

Martinelli, Ventura e Machado (2004, p. 70) defendem que:

> A eficácia da solução do problema, porém, depende da troca sincera de informações precisas. Ela requer redefinição flexível e criativa dos assuntos, além de extrema confiança. As partes devem, necessariamente, confiar que a informação precisa e flexível não será, de forma alguma, utilizada para barganhar vantagem. [...] trata-se da ideia de buscar obter uma negociação do tipo ganha-ganha para o conflito.

O que podemos inferir da resolução de conflitos é que a base ganha-ganha é a mais indicada. Devemos, portanto, tentar promover a gestão de conflitos com base nessa premissa.

5.3

Planejamento para a solução de conflitos

Para efeito de planejamento, é importante caracterizar as partes envolvidas no conflito, que são:

- **Parte 1** – É a parte que inicia um conflito e o institui em termos legais. Por exemplo: a empresa fabrica um celular com problemas e, sem perceber, o entrega a uma loja para venda.
- **Parte 2** – É a oponente da parte 1. É a parte que se sente afetada. Aqui se estabelece a existência de um conflito. Por exemplo: um cliente compra o celular, descobre que o aparelho não funciona e ele logo busca auxílio na loja que vendeu o produto.

- **Parte 3** – São aquelas pessoas que estão fora do processo de conflito, mas que de alguma forma estarão envolvidas em sua resolução. Podem ser os gestores, os mediadores ou os árbitros. No caso do nosso exemplo, pode ser o gerente de produção da fábrica de celulares, que é a parte intermediária direta do conflito.

Vale ressaltar que os conflitos podem servir como ótimas oportunidades de mudanças, ajustes e crescimento. Podem também desenvolver a aquisição de habilidades de negociação mais construtivas e eficazes – desde que sejam encarados e resolvidos.

Matos (2006) defende que um conflito é positivo quando promove ações de negociação, que podem ser repetidas na sequência. Para ela, um conflito pode servir, então, de sensor de uma organização, porque ajuda a indicar o que está errado, motivando os grupos envolvidos a buscar soluções colaborativas e criativas para todos os envolvidos em todas as situações.

Um bom gestor de conflitos detecta os problemas ainda em sua fase inicial, identificando seu objeto e sua natureza, pois assim é mais fácil encontrar a forma assertiva de solucioná-lo. Além disso, ele deve agir com ética, empatia, valendo-se de sua inteligência emocional e racional.

5.4

Os efeitos de um conflito

Há visões menos maniqueístas sobre o conflito. Certos autores o definem como não sendo nem positivo nem negativo em si mesmo, pois é resultado da diversidade que caracteriza pensamentos, atitudes, crenças, percepções, bloqueios e dificuldades.

Para esses autores, o conflito é visto como parte da evolução e da existência humana. Cada um o interpreta ao seu modo, de que dependerá a maneira como se lida com ele – afinal, como já sublinhamos, os conflitos também podem servir de oportunidade para o crescimento mútuo.

Veja, a seguir, os resultados potencialmente positivos que um conflito pode proporcionar às organizações.

- **Desperta sentimentos e estimula energias** – O conflito leva as pessoas a ficarem mais atentas e esforçadas, o que os conduz à descoberta de melhores meios de realizarem tarefas em busca de novas abordagens na solução de problemas.
- **Pode fortalecer sentimentos de identidade** – Quando um grupo entra em conflito, se torna mais coeso e identificado com seus objetivos. Se o grupo ganha, seus membros se sentem mais motivados.
- **Desperta a atenção para problemas** – Os conflitos acabam também chamando a atenção para problemas existentes.
- **Testa a balança de poder** – O conflito pode levar à aplicação de recursos (o tempo gerencial, por exemplo) para sua resolução, ajustando diferenças de poder entre as partes envolvidas.

Fonte: Adaptado de Chiavenato, 2009.

Essas justificativas promovem a visão de que os conflitos propiciam o crescimento das pessoas e das empresas. Agora, uma coisa é certa, eles são muito mais conhecidos pelas suas consequências negativas, destrutivas e indesejáveis. Vejamos a seguir algumas dessas consequências.

- **Desencadeia sentimentos de frustração, hostilidade e ansiedade** – Como a parte envolvida vê seu esforço bloqueado pela outra diante da pressão para ganhar, a atmosfera se torna estressante, confirmando os sentimentos hostis.
- **Aumenta a coesão grupal** – Com esse aumento, cresce a pressão social para que as pessoas se conformem aos objetivos do grupo ou da parte envolvida. Isso diminui a liberdade individual, causando perda de eficácia e de desempenho.
- **Desvia energias para ele mesmo** – Muitas vezes o resultado atingido não compensa o conflito instaurado.
- **Leva uma parte a bloquear a atividade da outra** – Esse aspecto prejudica o desempenho de uma forma geral.

- **O conflito pode se autoalimentar e prejudicar o relacionamento entre as partes conflitantes** – Cada parte tende a estereotipar a outra como inimiga, atribuindo-lhe motivos e intenções negativas. Com isso, fortalece-se a percepção de que os interesses do outro são incompatíveis com os nossos – o que dificulta uma solução.

Fonte: Adaptado de Chiavenato, 2009.

Pela nossa experiência, e tendo em vista tudo o que foi exposto anteriormente, é possível perceber que os conflitos mais comuns são provocados por divergências de interesses, necessidades e opiniões.

Especialistas sugerem algumas atitudes para lidar com os conflitos, tais como:

- **Dar o tom da negociação** – Como negociador, é importante que você dê o tom da negociação, pois isso facilita a superação de barreiras existentes.
- **Buscar objetivos comuns** – Para chegar a acordos, é fundamental que se busquem a objetivos comuns.
- **Repetir o que está sendo dito** – Busque enfatizar os pontos importantes e mostre que está ouvindo a outra parte com atenção, pois isso cria um clima de respeito e confiança, o que tende a facilitar o andamento de qualquer processo de negociação e resolução de conflitos.

5.5
Mapeando e diagnosticando conflitos

Como conflitos são frequentes nos ambientes de trabalho, é preciso aprender a mapeá-los e, depois, diagnosticá-los, para que seja possível encontrar a melhor solução. Em outras palavras, é preciso analisar os fatos envolvidos, conscientizar as partes da necessidade de uma solução – demonstrando que a recusa de um conflito gera tensão e desconforto e que declarar guerra também não é a melhor das estratégias, pois alguém sempre sairá perdendo – e mostrar que o melhor caminho para a resolução de conflitos é aquele em que o diálogo e o respeito prevaleçam.

> Agora, se um conflito está instaurado, como mapeá-lo, conduzi-lo e resolvê-lo?

Martinelli e Almeida (1998, p. 12) definem as fases que devem ser cumpridas para a resolução de conflitos: inicial, decisiva e de manutenção.

Na **fase inicial**, verifique se todos conhecem os motivos que geraram o conflito e se querem uma solução. Faça um levantamento de indícios, fatos e dados e os discuta com as partes envolvidas. Mostre a todos os benefícios a atingir com a solução dos problemas. Ouça todas as partes, encoraje e desfaça as costumeiras resistências e defesas.

Já na **fase decisiva**, promova um espaço no qual as queixas, os problemas e os termos do conflito apareçam. Evite se precipitar e verifique as prioridades, as divergências, os riscos e as pretensões das partes diante do exposto. Diagnostique o problema, os valores e os interesses conflitantes, observe as causas, as fontes e as alternativas de ação. Cuide de estados emocionais exaltados e alterados: você deve ter conhecimento pleno das condições e situações que causaram o conflito, a fim de planejar as ações atreladas às técnicas para lidar com situações emocionais que todo conflito acarreta.

Na **fase da manutenção**, faça um controle do que foi acordado entre as partes. Aja prevenindo erros e, se necessário, redefina as responsabilidades. Para resolver o conflito, é fundamental envolver as partes na manutenção do acordo feito, realimentando o processo e identificando novas oportunidades para administrar os possíveis conflitos futuros.

Durante o diagnóstico de um conflito, todas as ações perpassam diretamente o processo de negociar, já que um bom gestor de conflitos busca sempre uma solução viável para todos os envolvidos, demonstrando, também, que as partes têm total responsabilidade sobre os fatos. Além disso, ele deve mostrar que reconhece as opiniões e os sentimentos expressados.

5.6
A assertividade na resolução de conflitos

Um gestor assertivo é capaz de dizer sim ou não sempre que for necessário e adequado, expressando que o que sente é relevante. Ele concilia seus interesses e motivações com os limites impostos pelo contexto. Assim, ele se caracteriza pela autorregulação dos padrões éticos, porém não se omite na defesa dos interesses da empresa.

Ademais, o gestor assertivo é competente quando se expressa, fugindo das posições antagônicas de vítima e algoz; tem clara noção das consequências de suas atitudes; é efetivo, capaz de recuperar terreno se a outra parte se prende em posições radicais; não vislumbra uma negociação com consequências meramente futuras nem vê a outra parte como adversária ou concorrente, e sim como parceira.

Andrade, Alyrio e Macedo (2011, p. 84-85) comentam sobre a assertividade do gestor brasileiro na hora de resolver conflitos: "Não se pode afirmar que a assertividade seja um traço cultural do brasileiro, pois, sendo produtos e produtores de um modelo de relações fortemente autoritárias, aprendemos que as expressões de nossos reais interessem podem contrariar a ordem estabelecida e que não deve ser contestada".

Esses autores acreditam que manter a submissão por muito tempo é extremamente penoso para nós, como povo. Em relação a esse fenômeno, eles conceituam a ideia de *mecanismo pendular*: "Então saímos direto da impotência para a prepotência: desrespeitados em nossos direitos, avançamos nos direitos do outro; atingidos em nossos interesses e incapazes de reagir contra quem nos lesou, repassamos o prejuízo para o próximo" (Andrade; Alyrio; Macedo, 2011, p. 85).

Com base nessa colocação, podemos concluir que adotar posturas assertivas implica atuar de modo maduro e construtivo. Por outro lado, a assertividade pode ter o ônus de contrariar um modelo cultural que possui raízes profundas, ainda que em vias de mudança e evolução.

5.7

Os perfis e a resolução de conflitos

Para gerenciar conflitos assertivamente, é relevante identificarmos e caracterizarmos adequadamente a outra parte, para saber exatamente que atitudes devem ser tomadas. Mas como analisar, caracterizar, identificar e negociar com diferentes perfis de pessoas?

Veja, no Quadro 5.3, as principais características dos perfis efetivo, analítico e relativo.

Quadro 5.1 – Os perfis e a resolução de conflitos

Perfil	Efetivo	Analítico	Relativo
Características	É eficiente, decidido, rápido, focado nos seus objetivos, exigente, crítico e franco. Tem dificuldades para conviver com a diferença. Tende a se impor perante os outros.	É organizado e paciente, mas também é indeciso e meticuloso. Detentor de um perfil racional, gosta de especialização e de informações detalhadas. Não toma decisões rápidas e não gosta muito de se arriscar.	Gosta de atenção, harmonia e privilegia as amizades. É bom ouvinte, prestativo, mas pode apresentar comportamento dissimulado. Não gosta de conflitos. É sensível às reações de todos. É também caloroso, simpático e otimista. Sob tensão, não se manifesta ou apenas finge que concorda.

Fonte: Adaptado de Matos, 2006.

Observe que cada perfil tem inúmeras particularidades, dependendo de cada conflito. O importante é conhecer os tipos, para que seja possível preparar-se para obter êxito na gestão do conflito.

Quadro 5.2 – Os perfis e a resolução de conflitos

	Efetivo	Analítico	Relativo
Como resolver conflitos?	Com este tipo, seja direto, sem rodeios. Busque otimizar o tempo, com foco nos resultados a serem atingidos. Seja eficiente e o valorize, enaltecendo suas qualidades.	Não tema levar a maior quantidade de dados, pesquisas e informações possíveis para que ele se convença de que há embasamento no que está sendo negociado. Não force a tomada de decisões; dê-lhe alternativas para que se sinta seguro.	Valorização e um bom relacionamento são importantes para este perfil. Dê assistência e apoio, sem deixar de lado os interesses do grupo.

Fonte: Adaptado de Matos, 2006.

Lembre-se de que conhecer a si mesmo é também fundamental para desenvolver negociações assertivas e resolver conflitos de forma satisfatória. Observe-se e identifique qual é o seu perfil, assim suas chances de sucesso aumentam em qualquer situação conflituosa.

Dicas para resolver problemas em situações conflituosas

Agora que você aprendeu técnicas de resolução de conflitos, que tal obter recomendações preciosas para aprimorar-se ainda mais?

- Nas situações rotineiras, esteja atento a possibilidades de conflitos, divergências, interesses ocultos e problemas que podem gerar ainda mais conflitos, buscando uma solução para que as partes sintam que obtiveram resultados satisfatórios.

- Valores como a honestidade são fundamentais para a consolidação de uma resolução de conflitos.

- Aprimore-se nas habilidades de negociar, pois todos ganharão com o uso de técnicas e habilidades eficazes numa situação conflituosa.

- Separe sempre as pessoas do problema. Seja racional e perceba objetivamente o que pode estar por trás das manifestações de cada um.

- Faça pausas, fique em silêncio, foque na solução. Não se apresse para tomar decisões.
- Tente compreender a outra parte: reconheça o ponto de vista dela e coloque-se em seu lugar.
- Se ficar furioso com algo, lembre-se de que a tendência natural é que você não consiga controlar seus instintos. Portanto, afaste-se e reflita sobre as decisões a tomar.
- Jamais permita atitudes como: sabotagem (tanto a aberta quanto a mascarada); deslealdade com a empresa, as chefias e os colegas; autopreservação, pela omissão ou pelo anonimato; acomodação, por meio da chamada *renúncia altruísta* em nome de um "interesse comum"; alienação; segregação adaptativa, para evitar contato direto com seu oponente; polarização melodramática, comportando-se como uma criança rebelde e culpando somente os outros. Nenhuma dessas atitudes contribuirá assertivamente para a resolução de conflitos.

Indicações culturais

As indicações a seguir servem, sob vários aspectos, para repensar e/ou aprofundar os temas desenvolvidos neste capítulo:

BURBRIDGE, A.; BURBRIDGE, M. **Gestão de conflitos**: desafio do mundo corporativo. São Paulo: Saraiva, 2012.

COACH CARTER. Direção: Thomas Carter. EUA; Alemanha: Paramount Pictures, 2005. 136 min.

DOZE HOMENS e uma sentença. Direção: Sidney Lumet. EUA: United Artists, 1957. 96 min.

MASON-DRAFFEN, C. **Como gerir pessoas difíceis**. Lisboa: Actual, 2007.

6

Ferramentas estratégicas: endomarketing, comunicação interna e *Balanced Scorecard* (BSC)

Neste capítulo, vamos conhecer duas ferramentas de gestão estratégica que podem contribuir significativamente para a gestão de pessoas (GP). Vale lembrar que, neste livro, partimos da ideia de que as pessoas devem fazer parte de todos os momentos do planejamento estratégico organizacional. É importante que você tenha isso em vista ao utilizar quaisquer técnicas de gestão.

6.1

Comunicação e endomarketing

Quando falamos de comunicação dentro de uma organização, referimo-nos ao comportamento, ao controle, à motivação, às expressões da emoção e às informações que precisam ser compartilhadas entre todos.

As informações são importantíssimas nas tomadas de decisões, pois somente conhecendo as alternativas somos capazes de fazer escolhas certeiras. Por isso, é fundamental conhecer a fundo as formas de comunicação, já que elas são essenciais no dia a dia.

A comunicação passa por um processo que segue o seguinte fluxo: o emissor transmite a mensagem, a mensagem é codificada por um canal de comunicação e, finalmente, o receptor recebe a comunicação codificada.

Vale ressaltar que esse canal de comunicação pode apresentar ruídos, codificações diferentes de informação de uma pessoa para outra, percepções distintas daquilo que é comunicado pelos envolvidos, além de *feedbacks* (ou retornos) do que é comunicado.

Imagine uma empresa, em toda a sua complexidade, tendo de se comunicar com seus públicos interno e externo para evitar a menor distorção ou o menor nível de ruído possível. Um desafio e tanto, não?

A fim de alcançar esse objetivo, existe uma ferramenta chamada *endomarketing*, que consiste num conjunto de atividades que – por meio de conceitos, políticas, técnicas de *marketing* e recursos humanos (RH) – objetiva a integração das áreas e dos níveis organizacionais, para fazer com que os colaboradores fiquem informados, motivados, orientados, qualificados e capacitados, e, com isso, atender e prestar um serviço de excelência aos seus clientes.

O endomarketing pode ser considerado uma filosofia de gerenciamento que orienta os colaboradores para a satisfação do cliente, levando em conta suas características.

De acordo com Limongi-França (2012), as principais características do endomarketing são:

- Atende o público interno da empresa.
- Contribui com os objetivos do *marketing*, visto que melhora o relacionamento entre empresa e colaborador (público interno), o que, por consequência, melhora a comunicação com o público externo.
- Compõe-se de várias atividades, muitas das quais não são novas nem restritas a ele, mas que são geridas de forma estratégica e integrada.
- Promove a integração, a cooperação, a gestão dos conflitos, a motivação, o comprometimento e a satisfação dentro da organização, ligando-se ao clima organizacional e podendo, inclusive, melhorá-lo.
- Possibilita uma estreita relação entre as áreas de GP e *marketing*, pois utiliza os conceitos, as técnicas e as políticas de ambas as áreas. Um gestor preocupa-se em utilizar o *marketing*

interno, ou *in marketing*, ou ainda o *endomarketing*, para comunicar ações de *marketing* interno na empresa, prezando pelo bom relacionamento com seus empregados, ou melhor, com seus clientes internos, pois suas necessidades e seus desejos (assim como no *marketing* voltado ao cliente externo) precisam ser satisfeitos.

Assim, a organização pode utilizar o canal do endomarketing para comunicar aos seus funcionários informações estratégicas e campanhas publicitárias, contribuindo para o comprometimento de todos por meio dos objetivos e dos valores da empresa, o que pode aumentar a qualidade dos processos, que por sua vez eleva a produtividade, acarretando uma maior satisfação por parte do cliente.

Kotler (1998) defende que o endomarketing é fundamental para o sucesso do *marketing* e que deve acontecer antes mesmo deste, a fim de contribuir para o aumento da cooperação e da integração interna.

6.2 A relação entre endomarketing, recursos humanos e *marketing*

Atrair talentos é uma responsabilidade da área de GP, certo? Em parte, pois o endomarketing pode contribuir para que isso ocorra, já que um dos focos do endomarketing é justamente atrair e manter talentos (o que coincide com as funções da área de RH), além de orientar os empregados para satisfazer e atender às necessidades dos clientes (coincidindo com o papel do *marketing*). Vale enfatizar que, mesmo em áreas diferentes, as ações devem ser complementares, e não concorrentes.

O endomarketing faz uso de técnicas de RH a fim de desempenhar a função de atrair, desenvolver, motivar e se comunicar com os colaboradores. Já quando comunica, realiza pesquisas e segmenta o mercado, utiliza as técnicas do *marketing*. Assim, um programa de endomarketing pode ser coordenado tanto pela área de GP quanto pela área de *marketing* – lembrando que o trabalho deve estar ligado à direção estratégica da empresa.

6.3
A aplicação, as atividades e os ganhos do endomarketing

A aplicação de quaisquer ferramentas tem por objetivo atender às necessidades da empresa. Ponce (1995) elenca os seguintes objetivos que são aplicáveis pelo endomarketing – ainda que devam ser adaptados à realidade de cada empresa:

- Estimular a participação de todos os elementos da organização.
- Melhorar as atitudes e os comportamentos dos empregados em relação ao emprego.
- Identificar as necessidades e os desejos dos empregados e desenvolver produtos para satisfazê-los.
- Atrair, desenvolver e reter talentos.
- Estabelecer canais adequados de comunicação interpessoal.
- Assegurar que todos os colaboradores tenham acesso à informação.
- Criar e promover ideias, projetos e valores da organização.
- Trabalhar para superar resistências internas a respeito de mudanças.
- Elevar a estima do grupo.
- Introduzir novos produtos, campanhas e atividades de *marketing* aos empregados.
- Tornar conhecida a missão, a visão, os objetivos e as estratégias do negócio a todos os colaboradores.
- Realizar treinamentos voltados para a comunicação e para as habilidades de interação.

É importante que esse conjunto de ações ocorra de modo integrado entre os seguintes níveis: estratégico, tático e operacional. Limongi-França (2012) lembra que, para um programa de endomarketing ter sucesso, é importante que ele seja, primeiramente, integrado à estratégia global da empresa, além de aceito e apoiado pela cúpula e por todos os envolvidos na parte de gerenciamento – o que envolve todos os níveis da estrutura organizacional, pois todos influenciam, de maneira direta ou não, a percepção dos clientes.

No Quadro 6.1, você confere a descrição das atividades do endomarketing, segundo Bekin (1995).

Quadro 6.1 – As atividades do endomarketing e suas características

Atividade	Características
Comunicação interna	É o ponto central do endomarketing, pois fortalece a comunicação entre empregado e organização. Ocorre por meio de vídeos, manuais, palestras, reuniões, comunicados, murais, revistas ou jornais internos, rádio interno, intranet.
Recrutamento e seleção	Recruta e seleciona pessoas com o perfil desejado, o que é fundamental para facilitar as ações do endomarketing.
Treinamento, educação e desenvolvimento	São atividades que devem preparar os colaboradores para serem disseminadores e multiplicadores das estratégias da empresa, comprometendo-os e habilitando-os a desempenhar seu serviço com excelência.
Planos de carreira	Servem de estímulo ao desenvolvimento das organizações, portanto, devem ser amplamente divulgados aos seus colaboradores.
Motivação, valorização, comprometimento e recompensa	Como o endomarketing está focado no comprometimento do colaborador com a empresa, ele tem importante participação nos processos motivacionais e de recompensas, em conjunto com o departamento de RH.
Pesquisa de mercado de clientes externos	Serve para balizar ações internas a respeito de supervisões, condições de trabalho, benefícios e políticas em geral da empresa. Ajuda a identificar as falhas que precisam de correção.
Segmentação de mercado de clientes internos	Serve para a identificação de segmentos homogêneos de empregados, segundo necessidades, desejos, expectativas, atitudes e comportamentos, buscando adequação dos produtos aos segmentos para criar uma comunicação adequada e eficiente.
Demissão	Momento delicadíssimo da área de RH. Pode servir para ações de endomarketing no que se refere à adoção de programas voluntários, serviços de recolocação e comunicação interna dos atuais rumos da organização.

Fonte: Adaptado de Bekin, 1995.

É importante que todas as atividades do endomarketing sejam aplicadas para que o uso dessa ferramenta seja amplo e eficaz. Observe que cada atividade tem sua característica e que as ações permeiam o envolvimento de toda organização.

6.4

O endomarketing e a satisfação dos colaboradores

A respeito da satisfação dos colaboradores e das ações de endomarketing, vale ressaltar que a satisfação do empregado está diretamente ligada às condições de trabalho que a empresa oferece.

Observe outros componentes que alimentam a satisfação e a motivação do colaborador, segundo Limongi-França (2012):

- Trabalho desafiante e que tenha afinidade com seu executor.
- Cultura estabelecida de valorização aos colaboradores.
- Clima organizacional que favoreça o bem-estar e o desenvolvimento pessoal e profissional do funcionário, facilitando a cooperação e a integração, evitando criar barreiras à comunicação, às ideias e aos conhecimentos.
- Boas perspectivas futuras, levando-se em conta setor de atuação, concorrência, tendências sociais, econômicas e políticas, além das culturais e tecnológicas.
- Boa imagem corporativa perante a sociedade, propiciando o orgulho de pertencer a determinada organização.

Um dos principais impactos do endomarketing é que ele atua diretamente na cultura da organização, uma vez que promove mudanças tanto na percepção interna quanto na dos clientes – a chamada *percepção externa* –, pois age diretamente nos valores, interesses, crenças e princípios da empresa.

Além disso, o endomarketing contribui para disseminar valores como: ética, eficácia, qualidade, efetividade, comprometimento, cooperação, democracia, reconhecimento, respeito, harmonia e criatividade.

Contribui também para consolidar a cultura interna e torná-la mais flexível; prepara para mudanças, divulga os resultados positivos, melhora os relacionamentos internos e, acima de tudo, auxilia de maneira efetiva a percepção positiva do clima da organização.

Limongi-França (2012) destaca as principais alterações no clima organizacional de uma empresa como resultado da aplicação de ações do endomarketing:

- As lideranças tornam-se abertas e democráticas, aumentando a delegação de poderes, objetivando o bom desempenho e o desenvolvimento das equipes.
- A comunicação interna melhora, aumentando a troca enriquecedora de experiências.
- A estrutura organizacional fica mais descentralizada, flexível e achatada.
- É criado um clima respeitoso, cooperativo, colaborativo e harmônico entre os colaboradores.

Quando uma empresa aplica ações de endomarketing, acaba conquistando um cliente que, além de muito exigente, está sempre disposto a contribuir para a sua melhoria contínua ou seja seus próprios colaboradores.

Com o uso dessa importante ferramenta de *marketing*, pode-se obter ganhos como a integração das áreas e a melhora na comunicação interna, no clima organizacional e nos processos como um todo.

Levantamento de percepções acerca do endomarketing

Uma pesquisa aplicada em uma rede de lojas de tintas do interior do Paraná – realizada por Stadler et al. (2009) – apresentou quatro blocos de questionamentos com o intuito de detectar de que forma a comunicação interna pode influenciar o clima organizacional e melhorar os resultados de forma integrada.

Os diagnósticos foram os seguintes:

1. **Sobre o alinhamento estratégico (bloco A)** – Houve grande divergência entre os entrevistados, confirmando que a comunicação não era direta e objetiva sobre as questões estratégicas da organização.
2. **Sobre questões trabalhistas (bloco B)** – Houve um alto índice de satisfação em relação às relações pessoais e interpessoais.
3. **Quanto às comunicações formal e informal (bloco C)** – Percebeu-se a existência de grande abertura para o diálogo. De modo geral, essa avaliação demonstrou que o clima organizacional tendia a ser positivo, mesmo a empresa não empregando corretamente os canais de comunicação formais e não reconhecendo ou administrando os canais informais.
4. **Acerca do *feedback* (bloco D)** – Percebeu-se que os colaboradores não conheciam seu real sentido, uma vez que os entrevistados divergiram nas respostas. Concluiu-se, então, que não havia conhecimento sobre os benefícios do *feedback* como forma de melhoria na prestação de serviços.

No âmbito organizacional, o endomarketing era aplicado de forma parcial. As questões motivacionais eram vistas de forma bastante positiva, porém, no que tange à comunicação interna – tanto em relação à produtividade quanto aos objetivos e resultados estratégicos da organização –, os resultados foram precários, de modo que a aplicação eficaz de ferramentas de endomarketing poderia ter trazido resultados positivos a médio e longo prazos (Stadler et al., 2009).

O modelo de levantamento de percepções acerca do endomarketing pode ser visto na Tabela 6.1. Nela, utilizou-se a escala de Lickert como forma de análise, na qual 1 é o índice que representa discordância máxima, enquanto 5 representa máxima concordância.

Tabela 6.1 – Construto de endomarketing

	Afirmativas Bloco A – Alinhamento estratégico	1	2	3	4	5
A1	Conheço os objetivos estratégicos (de longo prazo) da minha empresa.					
A2	A empresa possui uma imagem positiva no mercado.					

(continua)

(Tabela 6.1- conclusão)

		1	2	3	4	5
A3	A empresa respeita e valoriza as pessoas (clientes e funcionários).					
A4	A empresa contribui para o desenvolvimento econômico, social e ambiental da comunidade.					
A5	A empresa é líder/pioneira no setor em que atua.					
	Afirmativas Bloco B – Questões trabalhistas	**1**	**2**	**3**	**4**	**5**
B1	A empresa oferece perspectivas de crescimento ao funcionário.					
B2	A empresa conhece as necessidades dos funcionários (em relação às condições de trabalho).					
B3	A empresa conhece os desejos de autorrealização dos funcionários.					
B4	A empresa oferece condições de trabalho compatíveis com os seus concorrentes.					
B5	Meus objetivos (pessoais e profissionais) são semelhantes aos objetivos da empresa.					
	Afirmativas Bloco C – Comunicações formal e informal	**1**	**2**	**3**	**4**	**5**
C1	A empresa utiliza os canais de comunicação formal para passar informações (murais de recados, editais, reuniões, *e-mails*, ofícios, cartas etc.).					
C2	Recebo informações informalmente na empresa (ordens verbais, recados, conversas entre colegas etc.).					
C3	Existe abertura para o diálogo entre os funcionários e a empresa.					
C4	A empresa aceita as opiniões e as sugestões dos funcionários.					
C5	Acredito que a comunicação interna seja capaz de melhorar a satisfação dos funcionários.					
	Afirmativas Bloco D – *Feedback*	**1**	**2**	**3**	**4**	**5**
D1	As sugestões e opiniões dos funcionários são utilizadas para a melhoria do trabalho.					
D2	A empresa oferece treinamento constante (palestras, cursos etc.) para proporcionar crescimento pessoal dos funcionários e lucratividade para a empresa.					
D3	A empresa analisa e busca melhorar seu desempenho baseando-se nos seus concorrentes.					
D4	A empresa me informa sobre a qualidade do meu trabalho e desempenho.					
D5	Aprendo constantemente e contribuo para a aprendizagem na minha empresa.					

Fonte: Adaptado de Stadler et al., 2009.

Esse modelo pode ser aplicado em diversos tipos de organização, devendo ser adaptado à realidade de cada empresa. A análise dos resultados deve revelar de que forma a comunicação está falhando no ambiente de trabalho e quais serão os meios para sanar esses problemas. O instrumento de coleta de dados demonstrado anteriormente, de tão eficiente, já foi aplicado em diversas organizações e os seus resultados podem ser lidos em diversos artigos publicados em periódicos da área de gestão.

6.5
O *Balanced Scorecard* (BSC) como ferramenta estratégica da gestão de pessoas (GP)

O planejamento e a execução de estratégias nas organizações passam atualmente por uma revolução que conta com uma ferramenta utilizada para a inteligência do negócio, que se chama *Balanced Scorecard* (BSC).

O BSC é um modelo de gestão que estrutura de forma lógica a estratégia de uma empresa, traduzindo ações, metas e indicadores de desempenho em quatro dimensões: financeira, cliente, processo e aprendizagem.

Por isso, o BSC pode ser considerado um painel de comando, utilizado na direção de comportamentos gerenciais e no controle da execução de estratégias definidas pela empresa.

Os principais objetivos do BSC, de acordo com Kaplan e Norton (2001), são os seguintes:

- Esclarecer e traduzir a visão estratégica da empresa por meio do diagrama utilizado pela ferramenta BSC, que contém as quatro perspectivas: financeira, clientes, processos internos e aprendizagem e crescimento das pessoas.

- Comunicar de maneira eficaz os objetivos e ações estratégicas. Aqui entra o endomarketing, a fim de comunicar a todos os funcionários os objetivos a serem alcançados para o êxito do negócio.
- Planejar, estabelecer metas e alinhar iniciativas estratégicas, o que possibilita que uma organização quantifique os resultados que pretende alcançar a longo prazo, além de permitir a identificação de mecanismos para que os resultados sejam efetivamente concretizados.
- Melhora no *feedback* e na aprendizagem estratégica por meio da criação de instrumentos para a aprendizagem no negócio. Destaca-se aqui a importância do *como*, e não somente *do que*, no processo de alinhamento estratégico da organização.

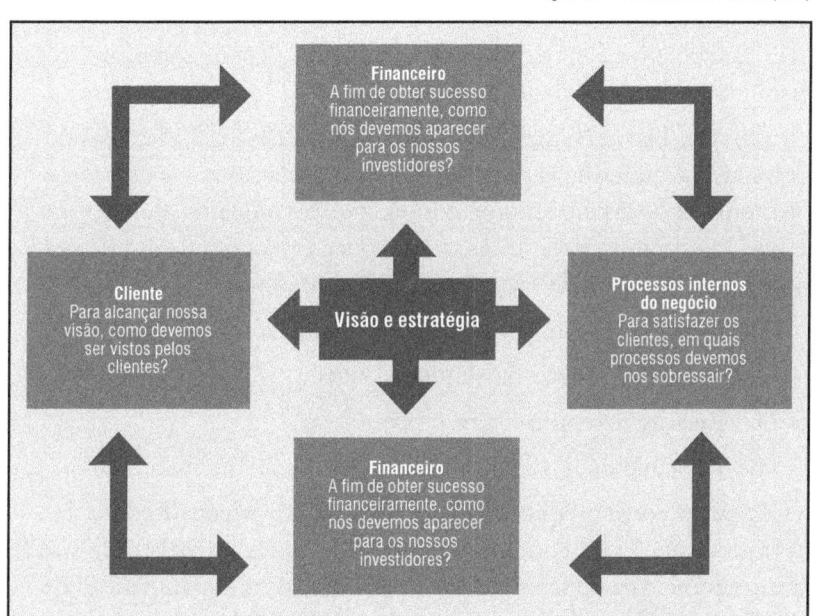

Figura 6.1 – O *Balanced Scorecard* (BSC)

Financeiro
A fim de obter sucesso financeiramente, como nós devemos aparecer para os nossos investidores?

Cliente
Para alcançar nossa visão, como devemos ser vistos pelos clientes?

Visão e estratégia

Processos internos do negócio
Para satisfazer os clientes, em quais processos devemos nos sobressair?

Financeiro
A fim de obter sucesso financeiramente, como nós devemos aparecer para os nossos investidores?

Fonte: Adaptado de Kaplan e Norton, 2001.

O BSC representa a operacionalização da estratégia, o que significa atribuir a cada elemento da empresa sua contribuição para o alcance dos objetivos estratégicos. Assim, com uma descrição abrangente da estratégia, os executivos conseguem divulgá-la e comunicá-la mais facilmente aos colaboradores. Por meio do mapa estratégico do BSC, todos na organização conseguem visualizar sua contribuição e compreender as relações de causa e efeito entre as variáveis e os resultados finais.

> O BSC nos mostra os conhecimentos, as habilidades e os sistemas que os funcionários necessitam (**aprendizado e crescimento**) para inovar e construir as capacidades estratégicas e as eficiências adequadas (**processos internos**) para criar valor para o mercado (**clientes**) que levará ao maior valor aos acionistas (**financeiro**). (Lima, citado por Angeloni; Mussi, 2008, p. 221, grifo do original)

O BSC é uma das ferramentas estratégicas de RH para obtenção de um elevado desempenho. Bohlander, Snell e Sherman (2009) definem que todas as práticas de RH devem adotar um sistema de trabalho de elevado desempenho, o que eles chamam de *STDE*, que é uma combinação de práticas, estruturas de trabalho e processos de RH. Seu objetivo é maximizar conhecimento, além de compromisso, habilidades e flexibilidade dos funcionários.

Quando David Nadler desenvolveu o conceito de STED, visando retratar a arquitetura da organização com relação aos seus processos técnicos, sociais e econômicos, ele percebeu que há quatro princípios importantes para sustentar qualquer gestão estratégica de pessoas (Bohlander; Snell; Sherman, 2009). São eles:

1. Princípio das informações compartilhadas.
2. Desenvolvimento de conhecimentos.
3. Relação desempenho-recompensa.
4. Princípio da igualdade (Bohlander; Snell; Sherman, 2009).

Quanto ao **princípio das informações compartilhadas**, destaca-se a função do endomarketing. Vale enfatizar, mais uma vez, a importância da aplicação dessa ferramenta para a manutenção de um fluxo de comunicação e integração por meio do qual as pessoas se sintam parte importante do processo e entendam que sua parte se junta a tantas outras – e o quanto isto é impactante no resultado final de cada ação. Afinal, como os funcionários poderão contribuir para o sucesso de algo se não tiverem acesso às informações ou não tiverem sido comunicados das estratégias?

Como hoje as empresas dependem da agilidade das análises e das decisões de seus funcionários para responder com rapidez aos problemas e aproveitar as oportunidades, esse princípio deve ser rotineiramente praticado até virar hábito.

O segundo princípio trata do **desenvolvimento de conhecimento**, o qual depende do primeiro, visto que o conhecimento está diretamente ligado às informações compartilhadas. Os trabalhadores precisam solucionar problemas em tempo real para que as empresas não percam espaço no mercado.

Trabalhadores com habilidades mentais são muito mais requeridos do que aqueles com habilidades braçais. Isso acontece porque a informação, atualmente, é um elemento essencial para que as empresas sejam capazes de desenvolver e aplicar conhecimentos nas tomadas de decisões operacionais, gerenciais e estratégicas.

O terceiro princípio é o da **relação desempenho-recompensa**, que implica a valorização do trabalho em proporção direta ao esforço de cada colaborador. Podemos usar como exemplo trabalhos que possuem metas de produção ou de vendas – quanto mais o funcionário trabalhar, maior será a recompensa. O importante nesse princípio é o elemento de justiça, que é inspirador: quando devidamente aplicado, o funcionário sente-se reconhecido e recompensado.

O princípio de **igualdade** se refere ao sentimento de pertencer a uma organização, à sensação de ser um membro importante dela. Um ambiente de trabalho no qual as pessoas se sentem valorizadas, independentemente do cargo que ocupam, é, com certeza, positivo. Assim, aqueles trabalhadores que executam tarefas mais operacionais – e não menos importantes – se engajam melhor quando percebem que sua opinião é ouvida, que seu trabalho é reconhecido e que sua participação melhora o desempenho geral.

Esses princípios são a base para a criação de sistemas de alto desempenho. Esses sistemas funcionam e respondem melhor às questões apresentadas no contexto atual. Sua aplicação, sem dúvida, contribui para a implementação do BSC.

6.6

O *Scorecard*

A ferramenta BSC auxilia os gestores a avaliar o vínculo existente entre as estratégias definidas e as atividades operacionais.

Já o *Scorecard* do RH é utilizado para diagnosticar a adequação interna e externa dos propósitos estratégicos estabelecidos, permitindo uma linguagem comum entre os colaboradores, contribuindo para a definição de prioridades e a compreensão de todos em relação aos indicadores e às metas a serem atingidos, bem como elevando a área à condição estratégica do negócio.

Para a aplicação do *Scorecard*, algumas ações devem ser observadas, como: mapear as competências dos colaboradores de acordo com os objetivos estratégicos traçados; possibilitar um ambiente de trabalho permeado de relações de excelência; aproveitar o CHA[1] de cada colaborador, possibilitando assim um maior envolvimento individual. Vale ressaltar que esse envolvimento pode resultar num plano de desenvolvimento profissional.

Para Ulrich (2003), as empresas que conseguem compreender e manipular de forma adequada o desenvolvimento, a satisfação e a motivação de seus colaboradores têm maiores chances de sucesso, especialmente se tiverem em vista a implementação do desenvolvimento estratégico.

A partir deste ponto, faz-se necessário monitorar a satisfação do colaborador. Na Figura 6.2, você pode observar os aspectos que compõem esse quadro.

---

1   **Competências**: Conhecimentos técnicos, experiência na área de atuação, empreendedorismo, técnicas cotidianas de trabalho etc. **Habilidades**: Liderança, gestão de conflitos, comunicação interpessoal, capacidade de influenciar as pessoas positivamente. **Atitudes**: Empatia, bom-humor, criatividade, concentração etc. (Nickel; Penkal; Ramos, 2013).

Figura 6.2 – Pontos que compõem a satisfação do colaborador

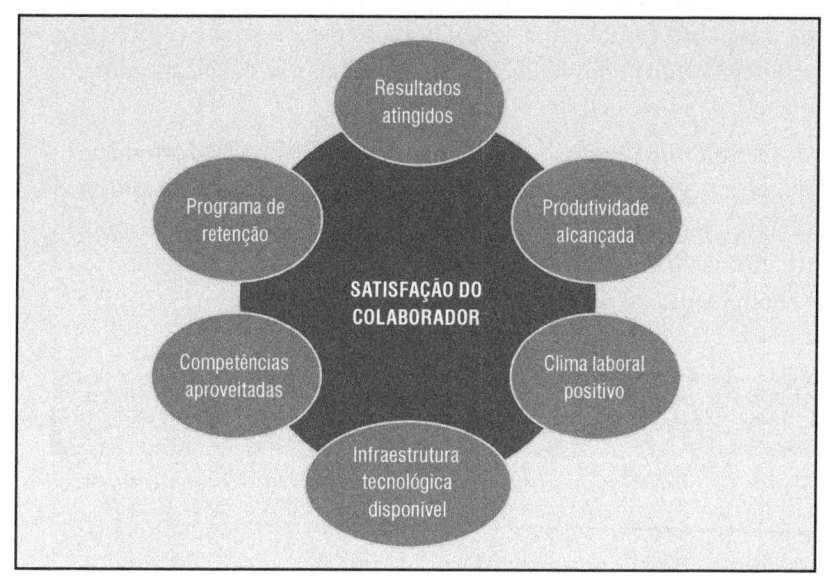

[Diagrama: SATISFAÇÃO DO COLABORADOR no centro, rodeado por: Resultados atingidos; Produtividade alcançada; Clima laboral positivo; Infraestrutura tecnológica disponível; Competências aproveitadas; Programa de retenção]

Fonte: Adaptado de Kaplan; Norton, 2001.

A Figura 6.2 representa, pela percepção da organização, o que constitui a satisfação do colaborador. Contudo, como se trata de um campo subjetivo, requer o olhar de outras ciências nessa análise. O importante é perceber que tanto os critérios objetivos – como os demonstrados na figura – quanto os subjetivos devem ser considerados para compor o entendimento dessa questão.

6.7

A implementação do *Balanced Scorecard* (BSC)

Um dos principais objetivos do BSC é transformar as estratégias da empresa em metas e objetivos concretos, com base em três princípios fundamentais: relações de causa e efeito entre os objetivos do mapa estratégico, resultados dos indicadores de desempenho e relação das estratégias com os resultados financeiros.

De posse do mapa estratégico, o próximo passo é a construção de um painel (o BSC) que apresentará as perspectivas e os objetivos estratégicos, além dos indicadores e das metas a serem alcançados por meio dos projetos estabelecidos.

Definidos esses passos, consegue-se clarificar a visão estratégica – o que é, segundo Kaplan e Norton (2001), o balizador do processo de BSC. Além disso, existem cinco etapas que esses autores julgam necessárias para a implementação de um BSC numa organização – contempladas no quadro a seguir.

Quadro 6.2 – As etapas para a implementação do BSC

Diagnóstico	Definição do planejamento estratégico	Desenvolvimento do plano operacional	Implementação	Acompanhamento e revisões
Feito para identificar os problemas e necessidades da organização, bem como os fatores necessários para potencializar os resultados operacionais.	Definição dos objetivos estratégicos pela cúpula da organização.	Elaboração das metas e dos indicadores pelas áreas da empresa, traduzindo as estratégias em planos operacionais.	Estabelecimento de cronogramas das metas estabelecidas.	Acompanhamento do desempenho do BSC e revisão de projetos, metas e objetivos, com a finalidade de propor melhorias ao processo, propiciando *feedbacks* aos envolvidos.

Fonte: Adaptado de Kaplan; Norton, 2001.

Todas essas etapas devem ser gerenciadas e acompanhadas pela cúpula executiva da organização, para maior eficácia nas ações. São etapas que, se seguidas, aumentam as chances de um uso bem-sucedido da ferramenta.

Observe que a implantação do BSC é complexa, pois envolve um processo de mudança na organização; porém, se bem conduzida, certamente possibilitará ganhos para toda a empresa.

Há uma ferramenta específica de mensuração de resultados voltada à GP, o HRS (ou *Human Resources Scorecard*), que é considerado um conjunto de ferramentas que facilita a gestão estratégica de pessoas, pois permite identificar os aspectos da gestão de RH que impactam negativamente os objetivos estratégicos da empresa.

O HRS é uma nova forma de gerenciar os recursos humanos, pois possibilita ao gestor de pessoas fazer um elo entre o plano estratégico de RH e o plano global da empresa – por exemplo, alinhando as necessidades de pessoas, identificando potenciais de alto desempenho e mapeando competências.

Assim, o *Scorecard* de RH pode ser considerado um sistema que redefine o papel da área, colocando-a no lugar estratégico da organização, pois muda a maneira como se percebem e se valorizam as pessoas, visto que elas são os principais parceiros que geram diferencial competitivo.

Os líderes que não tiverem competências para promover o sucesso de sua força de trabalho devem ser identificados, recapacitados e, caso não melhorem, substituídos, pois as lideranças são fundamentais no processo de implantação de quaisquer ferramentas.

Para um bom aproveitamento do *Scorecard* do RH, deve-se cuidar das etapas de preparação, planejamento e comunicação interna, passando por um criterioso acompanhamento de cada processo. Faz-se necessário um cronograma de reuniões para que se possa avaliar o progresso dessa ferramenta e se os objetivos se mantêm alinhados entre os funcionários e a organização.

Indicações culturais

As indicações a seguir servem, sob vários aspectos, para repensar e/ou aprofundar os temas desenvolvidos neste capítulo.

A CORPORAÇÃO. Direção: Jennifer Abbott e Mark Achbar. Canadá: Zeitgeist Films, 2003. 145 min.

O ARTICULADOR. Direção: Dan Algrant. EUA; Alemanha. 2002. 100 min.

O INFORMANTE. Direção: Michael Mann. EUA, 1999. 157 min.

BRUM, A. de M. **Endomarketing de A a Z**: como alinhar os pensamentos das pessoas à estratégia da empresa. São Paulo: Integrare, 2010.

STADLER, A.; MAIOLI, M. R. **Organizações e desenvolvimento sustentável**. Curitiba: Intersaberes, 2012.

Bibliografia comentada

Gestão é um processo que envolve ações como planejar, organizar e coordenar as atividades de uma unidade organizacional. Gerir implica atuar com as pessoas para atingir os objetivos da empresa e de seus membros. Com esse livro, o leitor compreenderá a relação entre pessoas e resultados e a importância da gestão de talentos para que as organizações mantenham a competitividade e a inovação em suas atividades.

LOTZ, E.; LORENA, G. **Gestão de talentos**. Curitiba: Intersaberes, 2012.

Síntese

Nesta segunda parte da obra, apresentamos algumas das ferramentas estratégicas da área de gestão de pessoas (GP). Após conhecer cada uma delas, caberá a cada profissional indicá-las, usá-las e adaptá-las conforme a realidade de cada empresa.

É necessário sempre colocar as ferramentas em perspectiva, já que a área de pessoas frequentemente atravessa fases de modismos que, muitas vezes, não estão alinhados corretamente com a cultura e o clima de cada organização. Isso é um fator desmotivador – que pode, inclusive, gerar prejuízos –, em razão das expectativas que certas ferramentas criam e de métodos que não produzem resultados concretos.

Esses cuidados possibilitam que as ferramentas estratégicas apresentadas – quais sejam: o incentivo à inovação e à criatividade, a gestão de talentos e competências, a gestão do conhecimento (GC) e da inteligência competitiva (IC), o papel do líder estratégico e a condução de equipes, a mediação e gestão dos conflitos e o uso do endomarketing e do *Balanced Scorecard* – sejam aplicadas da melhor forma possível, a fim de obter êxito na condução do bem mais valioso das empresas: as pessoas.

Buscamos, também, enfatizar a aplicabilidade das ferramentas estratégicas como meio de atingir a tão desejada vantagem competitiva e, com isso, criar um ambiente propício ao crescimento individual, coletivo e organizacional.

Nosso país precisa de criteriosa profissionalização. Por isso, a atenção e a dedicação constantes à formação e ao desenvolvimento dos trabalhadores e à área de GP são aspectos fundamentais para que possamos alinhar ações e metas na obtenção de resultados.

Referências

ACADEMIA PEARSON. **Administração de recursos humanos**. 2. ed. São Paulo: Pearson Education do Brasil, 2010.

AMARAL, R. M. do; GARCIA, L. G.; ALLIPRANDINI, D. H. Mapeamento e gestão de competências em inteligência. **DataGramaZero – Revista de Ciência da Informação**, v. 9, n. 6, dez. 2008. Disponível em: <http://www.dgz.org.br/dez08/Art_05.htm>. Acesso em: 21 nov. 2013.

ANDRADE, R. O. B. de; ALYRIO, R. D.; MACEDO, M. A. da S. **Princípios de negociação**: ferramentas de gestão. 2. ed. São Paulo: Atlas, 2011.

ANGELONI, M. T.; MUSSI, C. C. (Org.). **Estratégias**: formulação, implementação e avaliação – o desafio das organizações contemporâneas. São Paulo: Saraiva, 2008.

BARRETOS, M. D. T. (Org.). **Gestão de pessoas e desenvolvimento de equipes**. São Paulo: Saraiva, 2010.

BEKIN, S. F. **Conversando sobre o endomarketing**: um ciclo de entrevistas com Saul Faingaus Bekin. São Paulo: Makron Books, 1995.

BOHLANDER, G.; SNELL, S.; SHERMAN, A. **Administração de recursos humanos**. Tradução de Maria Lucia G. Leite Rosa. 14. ed. São Paulo: Pioneira Thomson Learning, 2009.

BORTOTTO, C. Afinal, o que é talento? **Diário do Grande ABC**, 26 mar. 2012. Disponível em: <http://www.dgabc.com.br/Noticia/406628/afinal-o-que-e-talento-?referencia=buscas-lista>. Acesso em: 13 nov. 2013.

BOYATZIS, A. R. E. **The Competent Manager**: a Model for Effective Performance. New York: John Wiley, 1982.

CAPPELLI, P. et al. **The India Way**: How India's Top Business Leaders are Revolutionizing Management. Boston: Harvard Business Press, 2010.

CARBONE, P. P. et al. **Gestão por competências e gestão do conhecimento**. Rio de Janeiro: Ed. da FGV, 2005.

CHIAVENATO, I. **Gestão de pessoas**: o novo papel dos recursos humanos nas organizações. Rio de Janeiro: Campus, 2008.

_____. **Introdução à teoria geral da administração**. 8. ed. Rio de Janeiro: Campus Elsevier, 2011.

CHIAVENATO, I. **Recursos humanos**: o capital humano das organizações. Rio de Janeiro: Elsevier, 2009.

CICOGNA, T. Análise estratégica. **"Bora"... de bike**, 4 abr. 2011. Disponível em: <http://boradebike.blogspot.com.br/2011/04/analise-estrategica.html>. Acesso em: 17 abr. 2011.

CLOKE, K.; GOLDSMITH, J. **The End of Management and the Rise of Organizational Democracy**. San Francisco: Jossey-Bass, 2002.

CRIATIVIDADE nas organizações: a pessoa criativa e suas dimensões, 12 abr. 2013. Disponível em: <http://www.portaleducacao.com.br/Artigo/Imprimir/43648>. Acesso em: 2 jul. 2014.

DAVENPORT, T. H.; PRUSAK, L. **Conhecimento empresarial**: como as organizações gerenciam o seu capital intelectual. Rio de Janeiro: Campus, 1998.

DAVILA, T.; EPSTEIN, M. J.; SHELTON, R. **As regras da inovação**: como gerenciar, como medir e como lucrar. Porto Alegre: Bookman, 2007.

DRUCKER, P. F. **A administração na próxima sociedade**. Tradução de Nivaldo Montingelli Junior. São Paulo: Nobel, 2002.

_____. **A nova era da administração**. São Paulo: Pioneira, 1992.

_____. **Management Challenges for the 21st Century**. Oxford: Elsevier, 1999.

_____. **O melhor de Peter Drucker**: a administração. Tradução de Arlete Simille Marques. São Paulo: Nobel, 2001.

DUAILIBI, R.; SIMONSEN JUNIOR, H. **Criatividade & Marketing**: o clássico dos livros de marketing. São Paulo: Makron Books, 2008.

DURAND, T. L'alchimie de la compétence. **Revue Française de Gestion**: théories mode d'emploi, Cachan, n. 160, p. 261-292, 2006.

DUTRA, J. S. **Competências**: conceitos e instrumentos para a gestão de pessoas na empresa moderna. São Paulo: Atlas, 2004.

_____. **Competências**: conceitos e instrumentos para a gestão de pessoas na empresa moderna. São Paulo: Atlas, 2008.

_____. **Gestão de pessoas**: da revolução urbana à revolução digital. São Paulo: Atlas, 2002.

DUTRA, J. S.; HIPÓLITO, J. M.; SILVA, C. M. Gestão de pessoas por competências. In: ENCONTRO NACIONAL DA ASSOCIAÇÃO NACIONAL DOS PROGRAMAS DE PÓS-GRADUAÇÃO EM ADMINISTRAÇÃO, 22., 1998, Foz do Iguaçu. **Anais**... Foz do Iguaçu: Anpad, 1998.

EFETIVO. In: MICHAELIS. **Dicionário de português online**. Disponível em: <http://michaelis.uol.com.br/moderno/portugues/index.php?lingua=portugues-portugues&palavra=efetivo>. Acesso em: 10 fev. 2013.

FLEURY, A.; FLEURY, M. T. L. **Estratégias empresariais e formação de competências**. 3. ed. São Paulo: Atlas, 2004.

FRANÇA, L. de; KEDOUK, M. Como ser um profissional capaz de encantar as empresas? **Você S/A**, São Paulo, ed. 177, 1º fev. 2013. Disponível em: <http://exame.abril.com.br/revista-voce-sa/edicoes/177/noticias/como-encantar-as-empresas>. Acesso em: 5 dez. 2013.

FRIEDMAN, B.; HATCH, J.; WALKER, D. **Como atrair, gerenciar e reter capital humano**: da promessa à realidade. São Paulo: Futura, 2000.

GRAMIGNA, M. R. **Modelo de competências e gestão dos talentos**. 2. ed. São Paulo: Pearson Prentice Hall, 2007.

HARRING, J. P. Key Intelligence Topics: a Process to Identify and Define Intelligence Needs. **Competitive Intelligence Review**, v. 10, n. 4, p. 4-14, 1999. Disponível em: <http://www.wlu.ca/documents/22437/04_Herring___KITs__A_Process_to_Identify.pdf>. Acesso em: 5 dez. 2013.

HERRING, J.; FRANCIS, D. Key Intelligence Topics: a Window on the Corporate Intelligence Psyche. **Competitive Intelligence Review**, v. 10, n. 4, p. 10-19, 1999.

KAPLAN, R. S.; NORTON, D. P. **Organização orientada para a estratégia**: como empresas que adotam o balanced scorecard prosperam no novo ambiente de negócios. Tradução de Afonso Celso da Cunha Serra. 12. ed. Rio de Janeiro: Campus, 2001.

KOTLER, P. **Administração de marketing**: análise, planejamento, implementação e controle. 5. ed. São Paulo: Atlas, 1998.

KUGELMEIER, W. Balanced Scorecard: uma paixão gerencial. **Administradores**, 2 nov. 2009. Disponível em: <http://www.administradores.com.br/artigos/negocios/balanced-scorecard-uma-paixao-gerencial/35301>. Acesso em: 24 jun. 2014.

LACOMBE, F. J. M. **Dicionário de administração**. São Paulo: Saraiva, 2004.

LAUER, K. J.; ISAKSEN, S.G. **The Relationship Between Cognitive Style and Individual Psychological Climate**: Reflections on a Previous Study. Buffalo, 1998. 20 f. Relatório Preliminar de Pesquisa. Creative Problem Solving Group. Disponível em: <http://www.cpsb.com/resources/downloads/public/306-Style_Climate.pdf>. Acesso em: 4 mar. 2014.

LIMONGI-FRANÇA, A. C. **Práticas de recursos humanos – PRH**: conceitos, ferramentas e procedimentos. São Paulo: Atlas, 2012.

MARGERISON, C. J.; McCANN, D. J. **Team Management**: Practical new Approaches. London: Management Books, 2000.

MARRAS, J. P. **Administração de recursos humanos**: do operacional ao estratégico. 14. ed. São Paulo: Saraiva, 2011.

MARTINELLI, D. P.; ALMEIDA, A. P. de. **Negociação e solução de conflitos**: do impasse ao ganha-ganha do melhor estilo. São Paulo: Atlas, 1998.

MARTINELLI, D. P.; VENTURA, C. A. A.; MACHADO, J. R. **Negociação internacional**. São Paulo: Atlas, 2004.

MATOS, M. A. de. **Negociação e conflitos**. Palhoça: UnisulVirtual, 2006. Livro didático.

McCLELLAND, D. C. Testing for Competence Rather than for "Intelligence". **American Psychologist**, Washington D.C., v. 28, n. 1, p. 1-14, Jan. 1973.

MILLER, J. P. Qualificações e treinamento para a inteligência. In: _____. **O milênio da inteligência competitiva**. Porto Alegre: Bookman, 2002. p. 79-92.

NATSUI, E. **Inteligência competitiva**. 2002. Disponível em: <http://www.ead.fea.usp.br/tcc/trabalhos/artigo_Erica%20Natsui.pdf>. Acesso em: 6 mar. 2013.

PAMPOLINI, C. P. G. **Gestão por competências**: e a sua efetividade nos resultados operacionais de uma organização. Curitiba: Centro Universitário Uninter, 2013. Projeto em andamento. Disponível em: <http://www.uninter.com/web/pesquisa/wp-content/uploads/2013/05/Gest%C3%A3o-por-compet%C3%AAncias-e-a-sua-efetividade-nos-resultados-operacionais-

de-uma-organiza%C3%A7%C3%A3o.pdf>. Acesso em: 29 ago. 2013.

PONCE, F. A. U. **Marketing interno**: um estudo de caso no setor franqueado do ramo de perfumaria e cosméticos nas cidades de São Paulo e Osasco. Tese (Doutorado em Administração) – Universidade de São Paulo, São Paulo, 1995.

PUCCIO, G. J. Creative Problem Solving Preferences: Their Identification and Implications. **Creativity and Innovation Management**, v. 8, n. 3, p. 171-178, 1999.

RHODES, M. An Analysis of Creativity. **The Phi Delta Kappan**, v. 42, n. 7, Apr. 1961. Disponível em: <http://www.jstor.org/stable/20342603>. Acesso em: 20 nov. 2013.

SANT'ANNA, A. de S. Na escala evolutiva da gestão, surgiu o líder de líderes. **Revista Você S/A**. ed. 177, 1º fev. 2013. Disponível em: <http://exame.abril.com.br/revista-voce-sa/edicoes/177/noticias/o-lider-de-lideres>. Acesso em: 4 jul. 2014.

SENGE, P. et al. **A revolução decisiva**: como indivíduos e organizações trabalham em parceria para criar um mundo sustentável. Rio de Janeiro: Campus, 2008.

SILVA, A. C. T. **Inovação**: como criar ideias que geram resultados. 2. ed. Rio de Janeiro: Qualitymark, 2011.

SILVA, H. M. da. Gestão do conhecimento e inteligência competitiva em organizações: uma abordagem conceitual. **Revista de Iniciação Científica da FFC**, v. 7, n. 1, p. 84-93, 2007. Disponível em: <http://www2.marilia.unesp.br/revistas/index.php/ric/article/viewFile/157/144>. Acesso em: 5 mar. 2013.

SILVA, S. L. Informação e competitividade: a contextualização da gestão do conhecimento nos processos organizacionais. **Ciência da Informação**, v. 31, n. 2, p. 142-151, maio/ago. 2002.

SPENCER JUNIOR, L. M.; SPENCER, S. M. **Competence at Work**: Models for Superior Performance. New York: John Wiley, 1993.

STADLER, A. et al. Endomarketing e sua aplicação em organizações comerciais: o caso de uma rede de lojas de tintas do interior do Paraná. **Revista ADMPG Gestão Estratégica**, Ponta Grossa, v. 2, n. 2, p. 97-104, 2009.

STEWART, T. A. **Intellectual Capital**: The New Wealth of Organizations, New York: Doubleday/Currency, 1997.

TEIXEIRA FILHO, J. O valor estratégico da gestão de talentos. **Empregos**. Disponível em: <http://carreiras.empregos.com.br/comunidades/executivos/artigos/gestao_talentos.shtm>. Acesso em: 5 mar. 2013.

THE PROGRESS PRINCIPLE. **About Teresa Amabile**. Disponível em: <progressprinciple.com/bio/teresa-amabile>. Acesso em: 17 jul. 2014.

TONELLI, M. J.; LACOMBE, B. M. B.; CALDAS, M. P. Desenvolvimento histórico do RH no Brasil e no mundo. In: BOOG, G.; BOOG, M. (Coord.). **Manual de gestão de pessoas e equipes**: estratégias e tendências. São Paulo: Gente, 2002.

TROTT, P. **Gestão da inovação e desenvolvimento de novos produtos**. 4. ed. Porto Alegre: Bookman, 2012.

ULRICH, D. **Os campeões de recursos humanos**: inovando para obter os melhores resultados. 8. ed. São Paulo: Futura, 2003.

VILAS BOAS, A. A.; ANDRADE, R. O. B. de. **Gestão estratégica de pessoas**. Rio de Janeiro: Campus Elsevier, 2009.

VIZIOLI. M. **Administração de recursos humanos**. São Paulo: Pearson, 2010.

WAGENINGEN UR. Disponível em: <http://www.wageningenur.nl/en/Expertise-Services/Research-Institutes/centre-for-development-innovation.htm>. Acesso em: 22 jul. 2014.

Considerações finais

Este livro teve o objetivo de trazer a você a seguinte reflexão: **Quais são as ferramentas estratégicas de pessoas?** No decorrer da obra, você pôde perceber que quaisquer técnicas ou ferramentas aplicadas, bem como qualquer ação realizada pela empresa em função de seus colaboradores, devem ser consideradas estratégicas.

Essa constatação se justifica ao percebermos que os funcionários não reagem de maneira uniforme – eles têm desejos e necessidades *sui generis*, ainda que seus objetivos pessoais devam estar de acordo com as atividades da empresa. O *homo economicus* da Revolução Industrial deu lugar a um ser que equilibra as dimensões social, espiritual, emocional e familiar com as demais atividades desempenhadas em sua vida.

O trabalho deixa de ser visto como um martírio e se torna fonte de prazer ao trabalhador a partir do momento em que ele desempenha a atividade em que tem maior aptidão, obtendo, com isso, reconhecimento e recompensas.

O gestor de pessoas precisa ser sensível o suficiente para perceber os talentos de sua equipe e conduzi-la de maneira inteligente, a fim de potencializar as capacidades individuais, e estimular o desenvolvimento pessoal, possibilitando que os colaboradores alcancem seus objetivos. Essa ideia pode parecer romântica, mas revela o que qualquer empregado espera de seu empregador e também o que o empregador espera de sua equipe, uma vez que equipes satisfeitas podem ser altamente produtivas.

Observe em seu dia a dia todos os grupos de pessoas com quem convive e procure mapear as características dos gestores – certamente você perceberá que aquele que obtém alta *performance* é o que dá o exemplo, que age como um verdadeiro líder e que possui as habilidades necessárias para motivar e extrair das pessoas o melhor de sua essência.

Saiba que não falta muito para que cada um de nós seja esse gestor. O primeiro passo, certamente, é deixar a arrogância de lado, reconhecendo que não sabemos tudo. Essa ideia nos fará buscar incansavelmente tanto a melhoria pessoal quanto a profissional.

Os papéis utilizados neste livro, certificados por instituições ambientais competentes, são recicláveis, provenientes de fontes renováveis e, portanto, um meio responsável e natural de informação e conhecimento.

Impressão: Reproset
Maio/2021